سم الله الرحمن الرحيم

استراتيجيات تطوير المناهج
وأساليب التدريس الحديثة

رقم الإيداع لدى المكتبة الوطنية (1584/ 6 / 2009)

371.3

دعمس , مصطفى

استراتيجيات تطوير المناهج وأساليب التدريس الحديثة /مصطفى نمر دعمس - عمان : دار غيداء, 2007.

( ) ص

ر.أ : (1584/ 6 / 2009)

الواصفات: /أساليب التدريس//طرق التعلم//التعلم/

- تم إعداد بيانات الفهرسة والتصنيف الأولية من قبل دائرة المكتبة الوطنية

دار غيداء للنشر والتوزيع

وسط البلد- شارع الملك حسين - مجمع الفحيص التجاري - الطابق الأرضي

تلفاكس : 96264615510+ -- ص.ب 520946 عمان 11152 الأردن

E-mail: info@darghaidaa.com   www.darghaidaa.com

استراتيجيات تطوير المناهج
وأساليب التدريس الحديثة

تأليف
الاستاذ مصطفى نمر دعمس

الطبعة الأولى
2008م - 1429هـ

المحتويات

تمهيد:

الحمد لله الذي شرفنا بالعمل في التربية والتعليم، وتحديدا في الميدان، وحمل رسالة عظيمة، تربوية، علمية، إيمانية، قدوتنا فيها المربي الأول سيدنا محمد علي السلام الذي صنع الرجال والعلماء من بعده، وتاريخنا العربي والإسلامي يزج بأشهر المربين والعلماء كان لهم أطيب الأثر في كل زمان ومكان...

والصلاة والسلام على معلمنا الأول سيدنا محمد وعلى اله وصحبه وسلم وبعد:

تسعى معظم الدول إلى تطوير المناهج وتحديثها لتلبية متطلبات التطورات الحديثة، ويأتي تحديث أنظمة التعليم ومواكبة المتغيرات الداخلية والخارجية خطوة رائدة، وكما هو معروف فإن العملية التعليمية عملية متحركة ومتطورة ومتغيرة بحكم تطور الحياة والمجتمعات، ومن الملائم أن تساير المناهج التعليمية هذا التغير الحتمي وتواكبه لكي يكون التعليم محققا لطموحات الأمة ملبيا لآمالها وتطلعاتها في حياة أكثر رقيا وتطورا ونماء وازدهارا، وتحديث المناهج وتطويرها هو السبيل الأمثل لما لها من قوة وأهمية كبيرة في تحقيق الأهداف ومسايرة روح العصر- وتحقيق الغايات والطموحات، ولا سيما في هذا العصر الذي يتسم بالعلم والتقنية والتطورات العلمية والاقتصادية والتربوية والتفجر المعرفي الهائل وثورة المعلومات والاتصالات.

وتشكل المناهج أربعة عناصر أساسية، هي: المحتوى، والأهداف التعليمية، وطرق التدريس، ووسائله. وهذه العناصر ينبغي أن تكون متناسقة ومتكاملة لكي تحقق المناهج غاياتها وأهدافها، وتحقيق سياسة التعليم على نحو متكامل وفعال، واستيعاب متغيرات العصر مع الحفاظ على القيم والمثل والتراث والتقاليد.

المؤلف

الباب الأول

استراتيجيات تطوير المناهج

استراتيجيات تطوير المناهج

تطوير المنهج (Curriculam Development) :

إن الوعي بأهمية تطوير المناهج واستخدام التقنية في تطوير المناهج عامل حيوي فعال، وكذلك المواكبة المستمرة للتطوير والتدريب والتأهيل، وتطوير طرق التدريس للمادة، وتأليف الكتاب الجيد، وتحقيق الترابط والتكامل بين المواد الدراسية، وربط المعلومات بالحياة العملية والتقنيات المعاصرة، وإيجاد الوسائل الفعالة لتنمية مهارات التفكير الإبداعي، وإيجاد التوازن بين الجوانب النظرية والجوانب العملية في المنهج. كما أن تطوير المناهج مطلب تربوي واقتصادي واجتماعي، وذلك يتطلب السعي الحثيث من أجل تحقيق تطابق المناهج مع التطلعات والأهداف الطموحة. ولا شك أن هناك جهودا تبذل في هذا الميدان (تطوير المناهج)؛ حيث نرى عددا من اللجان والأسر الوطنية في إطار المساعي الهادفة إلى تحديث أنظمة التعليم وإدخال التعديلات اللازمة على المنهج.

وتطوير المنهج يبدأ من منهج قائم ولكن يراد تحسينه أو الوصول إلى طموحات جديدة، ومن جهة أخرى تشترك عمليتا بناء المنهج وتطويره في أنهما تقومان على أسس مشتركة وهي المتعلم، والمجتمع، والمعرفة، وأنهما تتطلبان قدرة على استشراف المستقبل وحاجات المجتمع وأفراده.

يقصد بعملية تطوير المنهج " العملية التي يتم من خلالها إجراء تعديلات مناسبة في بعض أو كل عناصر المنهج وفق خطة مدروسة من أجل تحسين العملية التربوية ورفع مستواها " وهي العملية التي تعني تحسين المنهج الموجود اصلا من خلال الإضافة أو الاستبدال أو الحذف أما التخطيط يعني وضع منهج جديد غير موجود أصلا وتطوير المنهج يعني الوصول بالمنهج إلى أحسن صورة حتى يؤدي الغرض المطلوب منه بكفاءة واقتصاد في الوقت والجهد والتكاليف، ويمكن التوصل ان تطوير المنهج هو :

إحداث تغييرات في عنصر ـ أو أكثر من عناصر منهج قائم بقصد تحسينه، ومواكبته للمستجدات العلمية والتربوية، والتغيرات في المجالات الاقتصادية، والاجتماعية، والثقافة بما يلبي حاجات المجتمع وأفراده، مع مراعاة الإمكانات المتاحة من الوقت والجهد والكلفة.

وتعتبر عملية تطوير المناهج عملية ضرورية وملحة ؛ لأنها تساعد في حل الكثير من المشكلات التي يعاني منها المنهاج والكتاب المدرسي من منظور تطويري مستمر يعتمد على فلسفة المناهج المطورة لكل دولة يقول د. خالد طوقان وزير التربية والتعليم في الأردن "المنهاج جسم حي وإذا بقي دون تطوير فهو جثة ميتة".

إن كلمة التطوير من الكلمات الشائعة الاستخدام، وهي تشمل جميع الجوانب ((الطب، الهندسة، الزراعة،......الخ)).

* أهمية تطوير المنهج :

إن عملية تطوير المنهج هي عملية هامة لا تقل أهميتها عن عملية بناءه، والدليل على ذلك هو انه لو قمنا بأعداد منهج بكافة صور التكنولوجيا والتقدم الحديث، أهمل هذا المنهج لسنوات عدة، فسيحكم عليه بالتجمد والتخلف، ومن هنا تظهر عملية تطوير المنهج لدرجة انه من يقوم في أيامنا هذه بعملية بناء المنهج لا بد أن يضع تحت نصب عينيه أسس تطويره.

لماذا نطور المنهج ؟

توجد هناك عدة دواعي و أسباب لتطوير المنهج منها :

1) طبيعة العصر الذي نعيش فيه، يسهم في التقدم العلمي والتقني وحدوث تطورات في المعرفة الإنسانية من حيث الكم والكيف تقويم المناهج مما يكشف عن الأخطاء، وأوجه القصور ويستدعي معالجة هذه الأخطاء وتلافي أوجه القصور فيها.

2) سوء وقصور المناهج الحالية :ويتم معرفة ذلك من خلال نتائج الامتحانات وتقرير الخبراء والموجهين والفنيين وإجماعهم على ضرورة تطوير منهج.

3) عدم قدرة المناهج الحالية على الإسهام الفعال في التغيير الاجتماعي.

4) عجز المناهج الحالية عن ملاحقة التطور في الفكر التربوي والنفسي.

5) ارتفاع نسبة الفاقد في التعليم.

6) مشكلة الغزو الثقافي.

7) ما تنشره وسائل الإعلام المقروءة والمسموعة حول المناهج فهي تعبر عن رأي قطاع من أفراد المجتمع لا يمكن إغفاله.

8) حدوث تطورات وتغيرات على المستوى المحلي، والعربي، والعالمي في القطاع السياسي، والاجتماعي، والاقتصادي مما يترتب عليه الحاجة الملحة لتطوير المناهج بما يتناسب مع هذه المستجدات.

9) من اجل التنبؤ باحتياجات الفرد والمجتمع لأن المناهج هي أداة لبناء الشخص.

وتشمل عملية تطوير المناهج المجالات التالية :

- تأليف وثائق جديدة للمناهج
- تعديل وتنقيح وثائق المناهج المطبقة حاليا.
- تأليف جديد للكتب المدرسية.
- تعديل وتنقيح الكتب المدرسية المطبقة حاليا.

· أساليب تطوير المنهج:

- التطوير بالحذف

- التطوير بالإضافة

- التطوير بالاستبدال

- **التطوير بالحذف:**

نتيجة التطور والتغيير الدائم قد تتخلف المعلومات الموجودة في المنهج وقد لا تتناسب المجتمع فيتم حذف هذه المعلومات من المنهج.

- **التطوير بالإضافة:**

نضيف فقرات جديدة لم تكن موجودة بالمنهج أصلا وهذه الفقرات والإضافات تكون مسايرة للتطورات الحاصلة في المجتمع.

- **التطوير بالاستبدال:**

نستبدل معلومة بمعلومة أخرى اصح وأفضل منها تظهرها معطيات العلم مثال : كانوا سابقا يقولون بأن الأرض هي مركز الكون أما الآن أصبحت الشمس هي مركز الكون والأرض تدور حولها.

- **تطوير الكتب آو طرائق التدريس آو الوسائل آو الامتحانات:**

إذا أردنا أن نطور احد عناصر المنهج مثل الوسائل التعليمية فقد كنا نستخدم اللوحات آو المجسمات أما في الوقت الحالي فأننا نستخدم السبورة الضوئية آو جهاز عرض Data Show .

فعندما نطور عنصر من عنا صر المنهج نكون بذلك نعمل على تلافي القصور الموجود في بعض هذه الجوانب.

- الأخذ بأحدث التنظيمات المنهجية / أنواع المناهج

- إدخال بعض التجديدات على النظم التربوية:

فمـثلا بعـض الـدول حولـت الحصـص في المرحلـة الثانويـة إلى سـاعات كالجامعات.

– تعديل السلم التعليمي

فبدل أن يمر التعليم بأربع مراحل هي ابتـدائي – إعـدادي – ثانوي – جامعي أصبح اليوم يمر بثلاث مراحل فقط هي أساسي - ثانوي – جامعي.

– الأخذ بنظام المدرسة الشاملة

المقصود بالمدرسة الشاملة أي تشمل جميع الاختصاصات وتكون ثانوية تحديدا والمدرسة الشاملة يجب أن تكون مرتبطـة بـالواقع والحيـاة وتشـمل مـواد ومعلومـات علمية وأدبية وفنية حسب حاجات المجتمع

الأسس الاجتماعية للمنهج :

- التفاعل الاجتماعي

- التغير الاجتماعي

- الثقافة

- المشكلات الاجتماعية

معايير اختيار محتوى المنهاج:

1- الصدق

2- الفائدة والأهمية

3- قابلية المحتوى للتعلم

4- توافقه مع فلسفة المجتمع وحاجاته وقيمه

ويشير الباحث السوري عبد الرحمن تيشوري الى أسس تطوير المنهج:

· أن يستند التطوير آلي فلسفة تربوية معينة ومناسبة.

· أن يستند التطوير آلي الدراسة العلمية للفرد أي يلامس حاجات التلاميذ وحاجات المجتمع.

· أن يستند آلي دراسة علمية لتقاليد وثقافة المجتمع.

· أن يستند آلي طبيعة وثقافة وروح العصر ـ حيث عصرنا اليوم هـو عصر ـ العلـوم وعصر التكنولوجيا ويجب مراعاة التكنولوجية اثناء تطوير المنهج كـما أن عصرنا هو عصر ـ التخصص الـدقيق فقـديما كأن يوجـد طبيـب عـام لكـن اليـوم هنـاك اختصاصات دقيقة يجب أن يراعيها المنهج الجديد.

· أن يستند آلي دراسة علمية للبيئة والمصادر الطبيعية.

· أن يكون التطوير شاملا: يجب أن يكون التطويـر شـاملا لجميـع العنـاصر للمنهج قدر الإمكان.

· أن يكون التطوير تعاونيـا : أي يجـب الأخـذ بـرأي التلميـذ وأوليـاء الأمـور وكـل المعنيين بالعملية التربوية.

· أن يكون التطوير مستمرا أي يجب أن يتم تطوير المنهج كـل 5 سـنوات كي يسـاير التطور الحاصل في العلوم حيث تتضاعف اليوم معارف البشرية كل 18 شهر.

· أن يستند التطوير آلي دراسة علمية للمعلم أي يجب أن نركـز عـلى المعلـم نفسـه وأن ندرس حاجات المعلـم وقدراتـه وقدرتـه عـلى تنفيـذ المنهج الجديـد المطور مراحل وخطوات تطوير المنهج.

· بث الشعور بالحاجة آلي التطوير من خلال عدم الرضا عـلى الواقع والأخـذ بـرأي الداعين والمتحمسين للتطوير.

· تحديد الأهداف وترجمتها آلي معايير من اجل القياس عند تجريب المنهج.

· تخطيط وتنسيق جوانب المنهج لأن كل ما يتعلق بالمنهج يجب أن نخطط لـه مـن بناء المدرسة ولوازمها وقاعة المسرح وقاعات الحاسوب والمختبرات.

· تخطيط تجريب المنهج المطور قبل تعميمه واعتماده.

· الاستعداد قبل التعميم.

· تعميم المنهج المطور على المدارس.

· متابعة المنهج وتقويمه أثناء التنفيذ لنرى مدى تحقق الأهداف الموضوعة.

من المسؤول عن تطوير المنهج ؟

إن عملية تطوير المـنهج ليسـت مهمـة الإدارة العامـة للمناهج بـوزارة التربيـة والتعليم، وإن كانت هذه الإدارة هي من ينظم عمليـة التطوير، وتطوير المـنهج ليـس عملا إفراديا يقوم به المختص التربوي. بل يأتي التطوير كثمرة لجهـد مشـترك يساهم في تحقيقه المشرف كقائد تربـوي بالتعـاون مـع المعلمـين الـذي نفـذوا توجيهـات المـنهج ميدانيا.

كما يساهم في العمل على تطوير المنهج الطلبـة الـذين تعايشـوا مـع الخبرات التي يتيحها المنهج وتدارسوا المعلومات والمعارف التي ركز عليها.

ولقد أجاد المربي الكبير [جون ديوي] في كتابه [المدرسة والمجتمع] في وصـف واقع المدرسة القديمة قائلا:

"لكي أوضح النقاط الشائعة في التربية القديمة بسلبيتها في الاتجاه وميكانيكيتها فيحشد الأطفال، وتجانسها في المناهج والطريقة، من الممكن أن يلخص كل ذلك بـالقول بأن مركز الجاذبية واقع خارج نطاق الطفل، إنه في المعلم وفي الكتاب المـدرسي، بـل قـل في أي مكان تشاء عدى أن يكون في غرائز الطفل وفعالياته بصـورة مباشرة، وعـلى تلك الأسس فليس هناك ما يقال عن حياة الطفل، وقد يمكن ذكر الكثير عما يدرسـه الطفـل، إلا أن المدرسة ليست المكان الذي يعيش فيه، وفي الوقت

الحاضر نرى أن التغيير المقبل في تربيتنا هو تحول مركز الجاذبية، فهـو تغـير أو ثورة ليست غريبة عن تلك التي أحدثها كوبر نيكوس عنـدما تحـول المركـز الفلـكي مـن الأرض إلى الشمس، ففي هذه الحالة يصبح الطفل الشمس التي تدور حولهـا تطبيقـات التربية وهو المركز الذي ننظمها حوله".

أما العالم الشهير [جان جاك رسو] فقد دعا في عصره إلى إجراء التغيير الجذري في مناهج المدرسة قائلا :

" حولوا انتباه تلميذكم إلى ظواهر طبيعية، فيصبح اشد فضولا،ولكن لا تتعجلوا في إرضاء هذا الفضول. ضعوا الأسئلة في متناوله، دعوه يجيـب عليهـا، ليعلم مـا يعلـم، ليس لأنكم قلتموه له، بل لأنه فهمه بنفسه،ليكشف العلم بدلا من أن يحفظه،فعنـدما يجبر على أن يتعلم بذاته فإنه يستعمل عقله بدلا من أن يعتمد على عقل غيره.

فمن هذا التمـرين المتواصل يجـب أن تنـتج قوة عقليـة تشابه القـوة التـي يعطيها العمل والتعب للجسم. إن الإنسان يتقدم بالنسبة لقواه، وكذلك الفكـر فإنـه مثل الجسد لا يحمل إلا ما وسع من طاقته ".

وهكذا إذا،كانت الدعوات من قبل العلماء والمفكـرين تتـوإلى لإعـادة النظـر في المناهج الدراسية والتربوية من أجل تحويـل المدرسـة إلى صـورة مصغرة مـن المجتمـع الديمقراطي المشذب والمهذب، لـكي يمـارس التلاميذ حياتهم الفعليـة فيهـا، ويستنبطوا الحقائق بأنفسهم، وليصبح الكتاب والمعلم عاملين مساعدين في تحقيق ما نصبو إليه في تربية أجيالنا الصاعدة، ولتصبح المدرسـة هـي الحيـاة بالنسبة لهـم، وليسـت إعـدادا للحياة، حيث يمارس التلاميذ داخل مدرستهم مختلف أنواع المهن الموجـودة في المجتمـع الكبـير، ويمارسـون كـل هواياتهم الفنية،والرياضية، والموسـيقية،وغيرها مـن الهوايـات الأخرى. وبكل ثقة نستطيع أن نقول أنهم بهذا الأسلوب سوف يطلقون قدراتهم الذاتية في الاستطلاع، والفهم، والاستيعاب، واستنباط الحقائق بأنفسهم.

الفرق بين التطوير والتغيير :

يوجد فرق شاسع وكبير بين التطوير والتغيير، ومن هذه الفروق ما يلي :

1) التغيير يتجه نحـو الأفضـل أو ألا سـوء، بينـما التطـوير يتجـه نحـو الأفضـل والأحسن.

2) التغيير يحدث بإرادة الإنسان أو بدون إرادته بينما التطوير يحـدث بـإرادة الإنسان ورغبته الصادقة.

3) التغيير جزئي إذ ينصب على جانب معين أو نقطة محـددة، بينـما التطـوير شامل ينصب على جميع جوانب الموضوع.

وتشير الدراسات إلى أن أغلب مبادرات التغيير على أي صعيد فشلت في تحقيق الأهداف المرجوة منها – أو على الأقل لم تحصد النتائج المرجوة – بسبب مقاومة التغيير.

المشكلة الحقيقية في برامج التغيير التربوي تكمن في المعلم الذي يفترض فيه أن يتغير ولكنه يقاوم بعناد ما يطلب منه و على ما يبدو فان مقاومة التغيير طبيعة بشرية في مجملها ترتبط بارتسام الخوف على الوجوه و في القلوب من المجهول، فالتغيير يثير مشاعر الخوف من المجهول وفقدان الحرية وفقدان الميزات أو المراكز أو الصلاحيات... لذلك سعت معظم الدول للتطوير بـدلا مـن التغيير؛ استنادا إلى معايير عالمية وقيم اجتماعية تنبع من فلسفة ذلك المجتمع، وروح تنافسية عالية، مما يسهـم في تقـدم العملية التعليمية. والدليل على ذلك هو تشابه رؤى التعليم في معظم البلدان العربية، وعلى سبيل المثال وليس الحصر أعرض نموذجا رائعا لتطوير المناهج حسب رؤية كل من البلدان العربية التالية :

رؤى التعليم في الوطن العربي

- الاردن

تمتلك المملكة الأردنية الهاشمية منظومات من الموارد البشرية ذات جودة تنافسية كفوؤه وقادرة على تزويد المجتمع بخبرات تعليمية مستمرة مدى الحياة ذات صلة وثيقة بحاجاته الراهنة والمستقبلية وذلك استجابة للتنمية الاقتصادية المستدامة وتحفيزها عن طريق إعداد أفراد متعلمين وقوى عمل ماهرة.

وتسعى إلى تطوير نظام تربوي عماده "التميز"، يعتمد على موارده البشرية، استنادا وتحقيقا لرؤية صاحب الجلالة الملك عبد الله الثاني في تطوير التعليم ليكون الأردن مركزا لنقل تكنولوجيا المعلومات في الشرق الأوسط، فإنه لا بد من التركيز على تغيير دور المعلم والطلبة بحيث يتم التركيز على المهارات المطلوبة في الاقتصاد المعرفي، وهذا لا يتأتى إلا من خلال البرامج التدريبية لتطوير تلك المهارات اعتمادا إلى معايير عالمية وقيم اجتماعية، وروح تنافسية عالية، مما يسهم في تقدم الأردن في خضم "الاقتصاد المعرفي العالمي".

وبدأت وزارة التربية والتعليم عملية تطوير شاملة لكافة عناصر العملية التعليمية التعلمية، تحت عنوان ERFKEE.

- الكويت

تهدف وزارة التربية إلى تنمية المجتمع الكويتي وتنشئة أجياله في إطار من التكامل العلمي والروحي والخلقي والفكري والاجتماعي والبدني في ضوء مبادئ الإسلام والتراث العربي والثقافة المعاصرة بما يتفق مع البيئة الكويتية وتحقيق تقدمها ونهضتها.

- السعودية

تخريج طلاب وطالبات مزودين بالقيم الإسلامية معرفة وممارسة، ومكتسبين للمعارف والمهارات والاتجاهات النافعة، وقادرين على التفاعل الإيجابي مع المتغيرات الحديثة والتعامل مع التقنيات المتطورة بكل كفاية ومرونة، وعلى المنافسة العالمية في المجالات العلمية والعملية، والمشاركة الإيجابية في حركة التنمية الشاملة، وذلك من خلال نظام تعليمي فعال قادر على اكتشاف القدرات والميول وبث الروح الإيجابية للعمل، وفي بيئة مدرسية تربوية محفزة على التعليم والتعلم.

- فلسطين

تعمل الوزارة على تنمية رؤى مستقبلية واضحة للتعليم الفلسطيني، تتجاوز الماضي وتعمل على إعادة بناء ما أحدثته سلطة الاحتلال من تخلف، والى التطلع إلى مستقبل يعيد ارتباط الأجيال الجديدة بتاريخها وينير طريقها إلى المستقبل. وانطلاقا من ذلك، تهتم الوزارة بتحسين نوعية التعليم، وتحسين البيئة التعليمية، وتدريب المعلمين وإدخال التقنيات الحديثة، وإشراك المجتمع في العملية التعليمة. هذا بالإضافة إلى اهتمامها بتلبية الطلب المتزايد على الدراسة، وبتعبير آخر، تسعى الوزارة إلى تجنيد المصادر المختلفة للنهوض بالتعليم الفلسطيني.

- قطر

- تنشئة أجيال من المتعلمين مؤمنين بالله، معتزين بانتمائهم لوطنهم ولأمتهم العربية.

- العمل على بناء شخصيات المتعلمين المتكاملة, وتزويدهم, بالمعرفة المتقدمة، واستيعاب المنجزات العلمية والتكنولوجية، وتوطينها واستنباتها، وتعميق ما يتطلبه ذلك من كفايات ومهارات، وأخذ دور بارز في مسيرة الحضارة الإنسانية.

- اكتشاف وتنمية مواهب المتعلمين وميولهم، وتوجيهها نحو خير المجتمع، وتنمية وعيهم، وتمكينهم من التعامل مع معطيات المستقبل، وتحقيق التميز في حيازة المعرفة المتقدمة.

- تحقيق انفتاح واع على ثقافات الأمم الأخرى، وخبراتها وتجاربها العلمية والثقافية والفنية، مع التمسك بالعقيدة والهوية والثقافة العربية الإسلامية.

- إعداد سياسات واستراتيجيات التطوير والخطط التربوية والإجراءات التنفيذية الكفيلة بتحقيق ذلك.

- إعداد الكفايات البشرية الوطنية المتخصصة القادرة على تحقيق أهداف التربية وغاياتها.

- اقتراح مشروعات القوانين واللوائح المتعلقة باختصاصات الوزارة.

- مصر

تلتزم وزارة التربية والتعليم بأن يكون التعليم قبل الجامعى تعليما عالى الجودة للجميع؛ كأحد الحقوق الأساسية للإنسان، في إطار نظام لا مركزي قائم على المشاركة المجتمعية، وأن يكون التعليم في مصر نموذجا رائدا في المنطقة، يعمل على إعداد المواطنين لمجتمع المعرفة في ظل عقد اجتماعي جديد قائم على الديمقراطية والعدل وعبور دائم للمستقبل.

*التطوير عملية شاملة وديناميكية :

أ) شاملة : لأنها تنصب على جميع الجوانب وتمس جميع العوامل المؤثرة في الموضوع

ب) ديناميكية : لأنها جميع العناصر التي تدخل فيها تكون في تفاعل مستمر، وكل عنصر يؤثر في غيره من هذه العناصر.

تحديات التعليم، وتطوير المناهج في القرن الواحد والعشرين

إن الحديث عن جودة التعليم، وتطوير المناهج، وتعليم القرن الواحد والعشرين، إلا دعوة صريحة لتكييف المدرسة مع الوضع العالمي الجديد. ليس لأن المدرسة مدعوة إلى تعليم نوعي يستجيب لشروط العصر، ويحافظ على استمراريتها كمؤسسة لإنتاج المعرفة وأدواتها، فهذا يبقى شعارا للاستهلاك، وإنما لتدخل المدرسة في شبكة المؤسسات المعولمة، لا سيما أنها أصبحت نقطة جذب لا مثيل لها لاعتبارين:

الأول: أنها سيوكل إليها تشكيل الذهنية المأمولة، باعتبار الدور التاريخي الذي عرفت به كأداة لخلق جيل صالح لمجتمعه.

الثاني: أنها تشكل سوقا استهلاكية عالمية ضخمة، وهذا ما يفسر المنافسة الشرسة بين كبريات الشركات لاحتلال هذا الكنز المكنون. وقد جرى الحديث عن "سوق التربية"، و"سوق الأساتذة والتلاميذ". الذي أنعقد ما بين 20 و23 مايو 2000 بكندا السوق العالمي الأول للتربية.

أن الخوف من تسليع التربية، وإفراغ العملية التربوية من رسالتها الوطنية، يبقى أمرا مشروعا، في ظل دعوة تغييرية تتزعمها الولايات المتحدة الأمريكية، وتشرعنها المؤسسات الدولية، التي ثبت أنها واقعة تحت نفوذ سلطتها.

اننا على يقين بأن نجاح التعليم وتطوير المناهج، ليست وقفا على نجاح بضعة معلمين وإنما على نجاح جماعة المعلمين والتربويين، هذه الجماعة الهادية في تاريخ الإنسانية التي تضيء شعلة المعرفة للأجيال القادمة، وتصبر وتصابر حتى يتحقق أمل المجتمع في تكوين جيل خلاق قادر على صنع مستقبله بنفسه.

ويحدو المعلمين والتربويين الأمل في خلق بيئة مدرسية يقبل فيها الطلاب على التعلم دون كلل أو ملل، فيعكفون على أداء أنشطتهم دون ترقب لعقارب الساعة أو انتظار لرنين الجرس يبدءون العمل ويثابرون عليه لأنه يحقق لهم متعة وسعادة فيكون التعليم بذلك وفقا لرؤية جون ديوي: متعة وحياة.

على الرغم من عدم اعتبار الوضع الذي يؤثر على أنظمة التعليم وضع تحويلي مفاجئ، إلا أن هناك أوضاع داخل وخارج المؤسسات تتطلب تغييرات أساسية، خاصة تحسين جودة التعليم وتطوير المناهج. وتظهر الحاجة لنظام تعليمي فعال للحصول على نتائج أفضل وبكلفة أقل.

وترتكز المشكلة على المحافظة على تجهيزات مناسبة، ومختبرات، وورش عمل، ووسائل اتصالات حديثه، وعلاوة على ذلك مجموعة من المدرسين المؤهلين علميا وتربويا في عدة مجالات. ويعتبر هذا النظام مكلفا. ولسوء الحظ فأن أي تغيير يؤدي الى تخفيض الكلفة سوف يؤدي للتأثير على جودة التعليم. وتؤدي فكرة تشكيل هيئة تعليمية ذات كلفة اقل الى تقليل جودة الكادر التدريسي وبالتالي يؤدي الى منتجات اقل تطويرا واقل بحثا، وبالتالي منتجات ذات جودة اقل. ونفس الشيء ينطبق على التوفير في الاستثمار في التجهيزات والمختبرات، فلا يمكن للمعاهد التعليمية اعطاء نتائج على حساب جودة الخدمات.

ويجب على الأنظمة التعليمية أن تكون واعية للفرص المتاحة بواسطة التقنيات المتطورة وخاصة تلك التي تهتم بالتقنية التعليمية والتقنيات الحاسوبية المطبقة في التعليم. ولا يكون ذلك في مجال الأجهزة فقط، بل في أصول التدريس أيضا. ويقدم الجدل الدائم بين البناء والسلوك فرص جديدة للأنظمة التعليمية. فأولئك الذين يؤمنون بأن التعليم هو نقل الثقافة والعلم قد يجدوا أرضية سيكولوجية لتطوير طرق مترابطة لتطوير القدرة على التفكير والتصرف. وتعتبر التسهيلات التعليمية مهمة جدا لكلا الفريقين لإدخال نماذج تعليمية جديدة.

ولا يبدأ تبني تقنية الحاسوب في التعليم بتوفير الأجهزة والبرمجيات، فقد تتوفر هذه الإمكانيات أو لا تتوفر ولكن فهم أهميتها لدعم العملية التعليمية ضروري. وعند وضوح الرؤية حول ما نريد عمله بمساعدة الحاسوب، فأننا نكون جاهزين لتبني هذه الأساليب الجديدة حتى نهايتها.

المعلم بين المهنة والرسالة

تجمع كل الأنظمة التعليمية بأن المعلم أحد العناصر الأساسية للعملية التعليمية، فبدون معلم مؤهل أكاديميا ومتدرب مهنيا يعي دوره الكبير والشامل لا يستطيع أي نظام تعليمي الوصول إلى تحقيق أهدافه المنشودة. ومع الانفجار المعرفي الهائل ودخول العالم عصر العولمة والاتصالات والتقنية العالية، أصبحت هناك ضرورة ملحة إلى معلم يتطور باستمرار متمشيا مع روح العصر؛ معلم يلبي حاجات الطالب والمجتمع.

ان الحاجة ماسة لتدريب المعلمين على مواكبة التغييرات والمستجدات المتلاحقة، ولتحقيق ذلك تتبني بعض الدول مفهوم "التعلم مدى الحياة " , هذا المفهوم الذي جعل المعلم منتجا مهنيا للمعرفة، ومطورا باستمرار لكفاياته المهنية. ان مهنة المعلم عظيمة لأنه الشخص الذي يقوم بعملية التعليم المنهجية, والتي يمر فيها معظم فئات المجتمع, حيث يلقى كل فرد نوعا ما من التعليم. أن للمعلم رسالة هي الأسمى, وتأثيره هو الأبلغ والأجدى؛ فهو الذي يشكل العقول والثقافات من خلال هندسة العقل البشري, ويحدد القيم والتوجهات, ويرسم إطار مستقبل الأمة. أن رسالة المعلم تعتبر لبنة هامة في المنظومة التعليمية، تناط به مسئوليات جمة حتمها عليه تنامي هيكلية التعليم واتساع نطاقه من طرق تدريس ووسائل متنوعة ناتجة عن ثورة المعلومات, والانفجار المعرفي الهائل الذي يمخر المعلم أمواجه بهدف إيصال الطالب لمواكبة عصره.

ان الرسالة الكبرى للمعلمين تتطلب جهدا كبيرا في تنمية معلوماتهم واكتساب مهارات متنوعة ليتمكنوا عن طريقها من التأثير على من يعلمونهم وخلق التفاعل الإيجابي بين الطلاب ومعلميهم فعلى المعلمين أن يكونوا قدوة حسنة في سلوكهم وأخلاقهم وأداء رسالتهم من أجل خلق جيل متعلم واع مفكر مبدع.

حقوق المعلم مع تطوير المناهج

- من حق المعلم أن يؤهل تأهيلا يمكنه من أداء رسالته التربوية باقتدار ويتحقق ذلك عن طريق التدريب المستمر وتطوير المناهج وإكساب المعلم تلك المهارات.

- رفع مستوى أداء المعلم وتطويره من خلال الدورات التدريبية اللازمة وإطلاعه على كل جديد في مجال التربية والتعليم، وتدريبه على استخدام الطرق الحديثة والتقنيات التربوية الميسرة لعملية التعليم.

- تشجيع البحث العلمي والتجريب: يجب تشجيع المعلم على البحث العلمي والتجريب في مجال الإعداد، وطرائق التدريس، والإدارة الصفية والتقويم...الخ.

- رعاية المعلمين المتميزين والعمل على تنمية مواهبهم وتوثيق انجازاتهم ونشاطاتهم المتميزة في الدراسات والأبحاث وتعريف الآخرين بها.

- تحديد الأنظمة الوظيفية والجزائية تحديدا دقيقا حتى يعرف المعلم ما له وما عليه.

- معالجة مشكلات المعلم بأسلوب تربوي بعيدا عن التسلط والتشهير.

- تمكين المعلم من تدريس موضوع تخصصه.

- توفير البيئة المدرسية المناسبة حتى يعمل المعلم براحة وأمان.

- إعطاء المعلم المكانة التي يستحقها في السلم التعليمي وإعلان الضوابط التي تحكم الرواتب ليعيش بكرامة وضبط عمليات النقل والترفيع والترقية.

- تقديم الحوافز والمكافآت المادية لتنمية دافعية المعلم وحبه لمهنته والانتماء لها.

- تحقيق الشعور بالأمن والرضا الوظيفي للتفرغ لرسالته وعدم الاندفاع لممارسة أعمال أخرى.

- تغيير النظرة النمطية للمعلم في أذهان المجتمع وإبراز الصورة المشرقة له ودوره في بناء الأجيال وزيادة وعي أولياء الأمور والطلاب بأهمية احترام المعلم وتقديره.

- منح المعلم الثقة والتعاون معه على تحقيق رسالته السامية ورفع روحه المعنوية وتقدير جهوده.

- وضع نظام يحفظ للمعلم كرامته من الاعتداءات المختلفة.

- احترام المعلم وتقديره والاستماع له ومساعدته في حل المشاكل التي تواجهه.

لم تعد رسالة المعلم مقصورة على التعليم، فالمعلم مرب أولا وقبل كل شيء، والتعليم جزء من العملية التربوية. ويتأكد هذا الدور في ظل المشتتات العديدة وفي ظل تقنية المعلومات المتنوعة التي نشهدها هذه الأيام. مما يفرض على المعلم أن يواكب عصره فكما أن له حقوق عليه أيضا واجبات.

واجبات المعلم

واجبات المعلم المهنية

على المعلم أن يكون مطلعا على سياسة التعليم وأهدافه ساعيا إلى تحقيق هذه الأهداف المرجوة وأن يؤدي رسالته وفق الأنظمة المعمول بها.

- الانتماء إلى مهنة التعليم وتقديرها والإلمام بالطرق العلمية التي تعينه على أدائها وألا يعتبر التدريس مجرد مهنة يتكسب منها.

- الاستزادة من المعرفة ومتابعة كل جديد ومفيد وتطوير إمكاناته المعرفية والتربوية.

- الأمانة في العلم وعدم كتمانه ونقل ما تعلمه إلى المتعلمين.

- معرفة متطلبات التدريس: على المعلم أن يحلل محتوى المنهج من بداية العام الدراسي ليحدد على أساسه طرائق تدريسه حتى تتناسب مع أنماط تعلم طلابه.

- المشاركة في الدورات التدريبية وإجراء الدراسات التربوية والبحوث الإجرائية.

واجبات المعلم نحو مدرسته:

- الالتزام بواجبه الوظيفي واحترام القوانين والأنظمة.

- تنفيذ المناهج والاختبارات حسب الأنظمة والتعليمات المعمول بها.

- التعاون مع المجتمع المدرسي.

- المساهمة في الأنشطة المدرسية المختلفة.

- المساهمة في حل المشكلات المدرسية.

- توظيف الخبرات الجديدة.

واجبات المعلم نحو الطلاب:

- غرس القيم والاتجاهات السليمة من خلال التعليم.
- القدوة الحسنة لطلابه في تصرفاته وسلوكه وانتمائه وإخلاصه.
- توجيه الطلاب وإرشادهم وتقديم النصح لهم باستمرار.
- تشجيع الطلاب ومكافأتهم.
- مراعاة الفروق الفردية والوعي بطبيعة المتعلمين وخصائصهم النمائية المختلفة.
- المساواة في التعامل مع الطلاب.
- تعريف الطلاب بأهمية وفائدة ما يدرس لهم وأهمية ذلك في حياتهم.

واجبات المعلم نحو المجتمع المحلي:

- القيام بدور القائد الواعي الذي يعرف القيم والمثل والأفكار التي تحكم سلوك المجتمع.
- توافق قوله مع تصرفاته وإعطاء المثل الحي لتلاميذه ومجتمعه.
- على المعلم أن يكون على علم بقضايا شعبه المصرية وبالمتغيرات والتحديات التي يمر بها المجتمع، والتفاعل مع المجتمع والتواصل الإيجابي معه.
- أن تتكامل رسالة المعلم مع رسالة الأسرة في التربية الحسنة لأبنائها.

صفات المعلم المنشود الذي يؤمن برسالته:

أن هناك صفات يجب أن تتوفر في المعلم المؤمن برسالته حتى يكون عنصرا فاعلا في عملية التغيير الاجتماعي التي نسعى إلى تحقيقه:

- الإخلاص في العمل والولاء للمهنة والالتزام بها والاهتمام بنمو طلابه من جميع النواحي المختلفة.

- التعليم رسالة وليس مجرد مهنة: يعي المعلم دوره ويتحرك بدافع ذاتي داخلي مدركا لرسالته ويسعى لتحقيقها.

- يحمل هموم شعبه: المعلم المؤمن برسالته يتفاعل مع قضايا شعبه ومعاناتهم ولا يغفل عنها عند القيام بواجبه الوظيفي، أنه المعلم الذي يستطيع دمج فنه وتدريسه بهذه المعاناة وتوجيه طلابه إلى الاهتمام بها والتفاعل معها.

- عطاء لا ينتظر العطاء: المعلم المؤمن برسالته لا يربط بين جهده وعطائه وبين ما يحصل عليه من مردود مادي ومعنوي، بل السير نحو تحقيق هدفه الرسالي وتسخير كل طاقاته وإمكاناته لذلك.

- المعلم القدوة: المعلم صاحب الرسالة يعمل بما يعلم ويعلم، فهو صورة ينعكس فيها ما يعلمه لطلابه.

- المظهر الحسن: على المعلم أن يحسن هندامه ومظهره بعيدا عن الإسراف ولكن في حدود الاعتدال، فذلك أدعى للقبول والتقدير له.

- النمو الأكاديمي في مادة تخصصه: على المعلم أن يتابع نموه الأكاديمي جنبا إلى جنب مع النمو المهني حتى يتابع كل جديد ويكون مرجعا لطلابه وزملائه مع الاهتمام بالتخصصات الأخرى خاصة ذات العلاقة بموضوع تخصصه حتى يقدم لطلابه نسيجا متناسقا وكاملا من المعلومات.

- العدل والأنصاف: على المعلم أن يحترم آداب المهنة وأخلاقياتها ويقوم بالعدل والقسط بين طلابه، يقومهم حسب ما يستحقون دون أي اعتبارات أخرى.

- التعليم مشاركة: ان العملية التعليمية جهد مشترك لها مدخلات كثيرة من أهمها المعلم والمتعلم والكتاب والمنهج....، ولكل دوره الذي لا يخفى، ولكن يجب الاهتمام بدور المتعلم وإشراكه في التخطيط والتعليم والتقويم وتتسع هذه المشاركة كلما تقدم الطالب من مرحلة إلى أخرى.

- معلم ومتعلم في نفس الوقت: المعلم صاحب رسالة لا ينقطع عن طلب العلم مهما بلغت معرفته وتقدم به العمر، ولا يجد حرجا في التعلم حتى من طلابه.

- استكشاف المواهب ورعايتها: النبوغ ليس قصرا على التفوق الدراسي بل له جوانب شتى من شعر وخطابة وقدرات علمية وإبداعية وإمكانيات قيادية، تحتاج هذه الجوانب إلى معلم يكتشفها ويصقلها وينميها ويعمل على إشباعها من خلال الرعاية والأنشطة المدرسية المتنوعة.

- مراعاة الفروق الفردية: على المعلم الاهتمام بالفروق الفردية بين طلابه وأنماط تعلمهم المتعددة وإعداد أنشطة وطرائق تناسب مستوياتهم وقدراتهم وحاجاتهم ودوافعهم.

- أن رسالة المعلم من أسمى وأشرف الرسالات، وأمانة من أعظم وأثقل الأمانات، لأن المعلم يتعامل مع النفس البشرية التي لا يعلم إلا الله بعد أعماقها واتساع آفاقها، فالمعلم يحمل رسالة سامية يعد فيها جيلا صالحا مسلحا بالعلم والمعرفة.

ولقد صدق الشاعر عبد الغني أحمد الحداد في قصيدته "رسالة المعلم" حيث خاطب المعلم صاحب الرسالة قائلا:

تحيا وتحمل للوجود رسالة ... قدسية يسمو بها الأطهار

ما أنت إلا النبع فيض عطائه ... خير يفيض وهاطل مدرار

يكفيك فخرا ما صنعْت على المدى   تشْـقى وغـيْرك مـتْرف مهْـذار

يعطـي الكـريم وأنـت أكـرم مـأنح   هيهـات لـيْس تـثمن الأعـمار

هـذي الحضـارات التـي تزهـو بهـا   لـولا المعلـم هـلْ لهـا إثمـار؟!

مؤتمرات تربوية

جلالة الملكة رانيا العبد الله تطلق شبكة المعلمين المبدعين (بترا -البحر الميت)
وصفت جلالة الملكة رانيا العبدالله شبكة المعلمين المبدعين بالخطوة الجديدة في "أنسنة
التعليم" التي تتوافق مع تركيز الأردن واهتمامه بالمعلم وتوفير الأدوات والتدريب
المناسب والبيئة الداعمة لتحقيق التميز.

وأعربت جلالتها عن شكرها وتقديرها للشراكة القائمة بين القطاعات العام
والخاص ومؤسسات المجتمع المدني لالتزامهم واهتمامهم بقطاع التعليم وبالمعلم بشكل
خاص.

الملكة رانيا خلال حفل إطلاق شبكة المعلمين المبدعين

في الأردن البحر الميت, الاردن / 6 كأنون الأول 2006

جاء ذلك خلال حفل إطلاق جلالتها مشروع شبكة المعلمين المبدعين
لمايكروسوفت الذي يعتبر الثاني على مستوى الوطن العربي بهدف زيادة فاعلية العملية
التعليمية في الأردن من خلال اتاحة المصادر التربوية الكافية لتعظيم قدرات المعلمين
وأساليبهم التدريسيه.

وقالت جلالتها مخاطبة المعلمين../نحن فخورون بمهنيتكم ويحق لكم الفخر
بها..مشيرة إلى أن شبكة المعلمين المبدعين تعتبر وسيلة هامة في غرف الصف تتيح

المجال للمعلمين لتبادل الأفكار والخبرات مع نظرائهم على مستوى العالم من اجل الاستفادة في طرق التدريس والبيئة الصفيه.

ويربط المشروع المعلمين الاردنيين بشبكة معلمين من مختلف أنحاء العالم..حيث سيتسنى لهم تبادل المعرفة فيما بينهم بهدف النهوض بالأنظمة التعليمية في الأردن والمنطقة والعالم ككل.

وحضر حفل اطلاق المشروع الذي جاء خلال افتتاح اعمال "ملتقى الاردن لتكنولوجيا الاتصالات والمعلومات" وزير الاتصالات وتكنولوجيا المعلومات المهندس باسم الروسان ونائبة رئيس شركة مايكروسوفت العالمية "جيري ايليوت" وأمين عام وزارة التربية والتعليم الدكتور تيسير النهار ومدير عام شركة مايكروسوفت الأردن زيد شبيلات.

وخلال الحفل عرضت المعلمة مها شخشير الحاصلة على المركز الاول للفئة الثأنية "لجائزة الملكة رانيا للمعلم المتميز" قصص نجاحها المتمثلة باستخدام احدث اساليب التدريس الصفية التي قامت بتبنيها خلال مسيرتها التعليمية ومدى الاستفادة المتوقعة من الشبكة في التواصل مع نظرائها من المعلمين والمعلمات على مستوى العالم بهدف إثراء العملية التعليميه.

كما عرضت المعلمة الدكتورة خوله المعايعه الحاصلة على المركز الاول للفئة الرابعة لجائزة الملكة رانيا للمعلم المتميز دورها في استخدام المهارات التعليمية من خلال تطبيقات الحاسوب التي كأن من شأنها توفير بيئة محفزة للتعليم في الغرف الصفة ومدى استفادة الطلبة من هذا الأسلوب مما ساهم في إيجاد فرق واضح في مجتمعها ومدرستها.

وقال الدكتور النهار.. أن شبكة المعلمين المبدعين لمايكروسوفت ستساهم بشكل فعال في العملية التعليمية الأردنية ويفخر الأردن لإطلاقه كثاني مشروع عربي.. آملا أن تقوم هذه الخطوة بتوفير الفرصة للمعلمين والمربين بالحصول على المصادر الكافية

من أجل تعظيم قدراتهم وأساليبهم التدريسية من خلال ارتباطهم بمعلمين متميزين من مختلف أنحاء العالم.

من جانبه قال شبيلات..أن شبكة المعلمين المبدعين تؤكد على دور مايكروسوفت في المساعدة على إيجاد ثورة في قطاع التعليم من خلال تكنولوجيا المعلومات والمساعدة في إظهار قيادات فاعلة في هذا القطاع..إضافة إلى توطيد أسس قوية لشراكات حقيقية مع المؤسسات التعليمية المعنية وصناع القرار في مختلف أنحاء العالم.

يشار الى أن وزارة التربية والتعليم وبدعم من جلالة الملك وجلالة الملكة تمكنت من خلال بناء جسور الشراكة والتعاون مع العديد من شركات القطاع الخاص مثل شركة مايكروسوفت العالمية من تحقيق الخطوات اللازمة نحو الإصلاح التربوي والتعليمي في الأردن.

وعملت مايكروسوفت من خلال شراكتها مع وزارة التربية والتعليم على تنفيذ عدد كبير من المشاريع في قطاع التعليم وكانت الخطوة الأولى في تنفيذ هذه المشاريع بناء القدرات وغرس روح الريادة والإبداع وذلك من خلال "مركز الابتكار التكنولوجي للمدارس".. إضافة لتطوير منهاج تكنولوجيا الاتصالات والمعلومات المدرسي الذي عملت مايكروسوفت على تطويره مع شركة "منهاج" إلى جانب برنامج المعلمين المتميزين الذي يهدف إلى ربط جميع المعلمين المتميزين حول العالم والذين يتشاركون برؤية واحدة تتمثل في تطوير وتحسين العملية التعليمية من خلال استخدام التكنولوجيا الحديثه.

خبراء دوليون يبحثون أحدث مناهج التعليم محليا ودوليا
برعاية المجلس الأعلى للتعليم في قطر 2007م

نظم مكتب معايير المناهج بهيئة التعليم بفندق الشيراتون المؤتمر السنوي لمعايير المناهج الذي أقيم تحت عنوان «التعلم اولا» وقد شارك في أعمال هذا المؤتمر 450 شخصا من أصحاب تراخيص المدارس المستقلة وخبراء المناهج ومنسقي المواد والمعلمين بالمدارس المستقلة وبعض الأساتذة والمستشارين الأجانب وذلك بهدف مساعدة المعلمين والمعنيين بعملية التعليم والتعلم على تبادل الخبرات العملية التي تجسد أهمية الاختلاف بين الطلاب ومتلقي المعرفة.

في البداية ألقت السيدة صباح الهيدوس مدير هيئة التعليم بالمجلس الأعلى للتعليم كلمة شكرت فيها الحضور من المعلمين والمعلمات وأشارت الى أنه بعد مرور سنتين على إطلاق مبادرة معايير المناهج الدراسية الجديدة فيحق لنا الآن أن نقف وقفة جادة لتقييم وتقويم هذه المعايير وأكدت أنه لابد لنا من أن نقيم ثلاثة أشياء أساسية في هذه المعايير وهي التنفيذ ومصادر التعلم وطرق التدريس مشيرة الى أن هذه النقاط الثلاث لابد من تناولها بطريقة صريحة وجادة وايضا فأن مهارات المعلم هي التي تمكنه من استخدام هذه المعايير الثلاثة وتوظيفها حتى يصل العلم المطلوب الى الطالب المتعلم.

ودعت السيدة صباح إخوانها في هيئة التربية والتعليم بتشكيل لجنة من أعضاء وزارة التربية والذين مارسوا المناهج الدراسية في الثلاث سنوات السابقة وأن يقوموا في هذه اللجنة بتقييم عمل التنفيذ ومصادر التعلم وطرق التدريس ومعرفة اذا كأن هناك نتائج ايجابية بعد صدور المناهج الجديدة ام لا وهل جهودنا في الأعوام الماضية جاءت بفائدة ام لم نحصل منها على أي فائدة مشيرة الى أن حق الطالب في الاستفادة من تعديل المناهج هو حق أساسي وهو ابسط حقوقه.

وأوضحت أن الوزارة حاليا تقوم بالكثير من المجهودات من اجل اعطاء الطالب المتعلم حقه في العلم الحديث واستخدام التكنولوجيا واحياء اللغات الاجنبية عنده مثل تدريس العلوم والرياضيات باللغة الأنجليزية وكذلك عمل المناهج الدراسية الجديدة على اسطوانات CD وذلك حتى يكون عنده مرجع يمكنه الرجوع اليه في اي وقت شاء عن طريق جهازه الحاسب الآلي في منزله او في مدرسته.

ومن جهة اخرى تحدث السيد جون تيت -المتحدث الرسمي في المؤتمر المدير التنفيذي لمؤسسة مالتي سيرف الشرق الأوسط، قائلا أنه لأمر في غاية الاهمية الا تكون قيادة المناهج محصورة في شخص واحد مثل المدير الاكاديمي مثلا بل تتوزع على اعضاء الهيئة التدريسية فالتعلم هو قضية حيوية بالنسبة لاي مدرسة جيدة واذا احتل التركيز على التعلم مكانته في عقول وأفعال جميع التربويين ستتحول قيادة المنهج الى مهمة مشتركة ويجب أن يتحلى المعلمون بالثقة والمهارات والصلاحية اللازمة. من اجل اتخاذ القرارات بتوصيل المنهج مما يجعل التعلم اكثر فعالية بالنسبة للطالب او الصف المدرسي، أنها قيادة تختلف عن قيادة المدير او المنسق الخاص بالمواد لكنها مكملة ولا تقل اهمية بالنسبة لرسالة المدرسة.

واستعرض جون تيت احدث الأبحاث حول المناهج التي تم انجازها على المستوى الدولي وناقش نشاط المجموعة الأولى في المؤتمر والتي اهتمت بتعريف مصطلح مناهج وأهداف عملية التعليم عموما وتضمنت محاور دعم مفهوم المعلمين الممارسين لمهنة التدريس لعملية التعلم بالإضافة الى استخلاص جملة من التقنيات والفلسفات المتكاملة التي تركز بصورة أساسية على فحوى التعلم.

واكد جون أن استخدام المعايير في المدارس يهدف الى مساعدة المدارس في تلبية احتياجات الطلبة الا أن هذه المعايير لا تعد مخططا لتوزيع المنهج وفي الوقت نفسه يمكن الاستعانة بها بشتى الأساليب كما هو موضح في النقاط التالية:

- يمكن لمديري المدارس وكبار موظفيها استخدام المعايير للمساعدة في تحديد نوعية المصادر ومتابعة وتقييم المناهج المستخدمة في المدرسة وايضا دعم عملية تطوير السياسات الخاصة بالتعليم والتعلم.

- يمكن لقادة المواد وللمعلمين الذي يدرسون نفس المادة استخدام هذه المعايير لوضع خطط العمل او البرامج التعليمية وكذلك تحديد نوعية المصادر الصفية والمواد اللازمة لعملية التقييم.

- يمكن لفرق المعلمين من مدرسة واحدة او عدة مدارس الذين يدرسون نفس المرحلة الصفية استخدام معايير المناهج لوضع برامج تعليمية متكاملة لتلك المرحلة.

- يمكن لكل مدرس الاستعانة بالمعايير في اعداد خطط الدروس ووضع اهداف التعلم للطلبة ومتابعة تقدم الطلبة ومن ثم رفع التقارير بهذا الخصوص لأولياء الامور.

ويعود تحديد أفضل السبل والوسائل لتطبيق المعايير من قبل المعلمين الى المدرسة نفسها وبالتالي فأنه ليس هنالك صيغة واحدة ومحددة لتطبيقها لذا يتعين على المعلمين انتقاء أساليب التدريس المناسبة لسياسة المدرسة وكما هو معروف فأن المعلمين والتربويين يمتلكون نطاقا واسعا من الاساليب التي يمكن اللجوء اليها الا أنه من الضروري أن يتم اختيارها بحذر ودقة من اجل دعم الهدف الذي تسعى الى تحقيقه عملية التعلم في كل حالة على حدة فعلى سبيل المثال تتطلب عملية صنع القرارات الصائبة والمبنية على اسس سليمة إشراك الطلبة في المناقشات والمناظرات البناءة التي تثير التحدي لديهم.

اضافة الى ذلك فأن عملية التعلم لا تحدث بمعزل عن ذلك النطاق الممتد والواسع من الخبرات والذي يشمل العناصر البيئية والسياسية والعلمية والتكنولوجية والتاريخية والفنية والاجتماعية والاقتصادية والثقافية والرياضية وتلك المتعلقة

بالسباقات اللغوية وأحيانا أخرى ترتبط هذه الخبرات بجوانب مهنية معينة او بسياقات متخصصة ذات صلة.

التفاعل مع الخبرات الحياتية

وقال أنه من اجل تحقيق هذه الشمولية في المناهج فان هـذا الامر سيتطلب وجود دراسات مستندة على المواضيع الدراسية من ناحية وأنشطة تمتد عبر العديد من هذه المواضيع كما لا يخفى على الكثير بأن الاطفال يكتسبون الكثير من المفاهيم والمعلومات من خلال التفاعل مع الخبرات الحياتية اليومية التي يوفرها لهم المجتمع المدرسي بما يحتويه من قيم وعلاقات اجتماعية ويتضمن كذلك تلك الأنشطة التي يتم تنظيمها وعقدها خارج اسوار المدرسة والمتمثلة في الاحتفالات والمنافسات والفعاليات وبالتالي فأنه ينبغي على مجمل هذه الخبرات أن تؤدي الى امداد الطلبة بمزيج محفز وثري في سعيهم نحو التعلم.

ومن خلال الدعم الذي تقدمه السلطات التعليمية والمدارس فأنه سيلقي على عاتق المعلمين مهمة توفير أنشطة تمكن جميع المتعلمين من تفجير طاقاتهم الكامنة الى اقصى الحدود وذلك ضمن اربعة مستويات من القدرات وفي حقيقة الامر فأن الكثير مما سيحتاجه المتعلمون لتحقيق هذا الامر موجودا فعليا على ارض الواقع لكن في الوقت نفسه سيتطلب كذلك وجود مبادئ واسس توجيهية واضحة لمساعدة المعلمين والمدارس في ممارساتهم وكذلك اعتبارها اساسا للمراجعة والتقييم والتطور المستمر وسيتم تطبيق هذه المبادئ على المناهج وذلك على المستوى الوطني وهيئة التعليم والمدرسة وعلى المستوى الفردي.

وبما أن المناهج تحدد التوجهات الوطنية لجميع الطلبة الا أن كل مدرسة ستقوم بتصميم وتنفيذ المناهج الخاصة بها بأسلوب يراعي انخراط الطلبة وتحفيزهم نحو التعلم ناهيك عن أن كل مدرسة تمتلك قدرا لا بأس به من الحرية في تحديد كيفية تنفيذ هذا الامر.

كما ستستدعي عملية تخطيط المناهج وجود تعاون فعال بين المديرين واعضاء مجلس الامناء والمعلمين من ناحية ومع الطلبة وباقي اعضاء المجتمع المدرسي من ناحية اخرى.

وعادة ما تبدأ المناهج الدراسية بابراز القيم والمعتقدات المشتركة في المجتمع او بتقييم احتياجات الطلبة الذين تطبق عليهم هذه المناهج وفي الوقت نفسه فأن هذه المناهج تبنى على ما هو موجود اصلا من ممارسات واهتمامات وجوانب قوة والاستفادة من الفرص والموارد المتاحة ويعد وضع الاولويات وتصميم الاستراتيجيات من اجل تحقيق المخرجات ذات الأولوية المستهدفة من اهم العناصر المكونة لهذه العملية.

وستعمل المدارس باختلاف أنواعها على تنظيم برامجها التعليمية بشتى الطرق فبعضها سيقوم بتنظيم هذه البرامج بأسلوب يبرز التكامل بين المفاهيم والكفاءات الرئيسية والقيم في عدد معين من الجوانب التعليمية بينما البعض الآخر سينظمهم حسب جوانب التعلم لكن مع السعي وراء إمكانية إيجاد روابط مشتركة بين مختلف حدود هذه الجوانب لذا فأنه من النادر أن يحتوي جانب واحد من جوانب التعلم على المعرفة والمهارات والاتجاهات التي سيحتاجها الطلبة لمعالجة المسائل والسياقات الحياتية الواقعية.

وقدم السير جون بعد ذلك عرضا مصحوبا بصور ولقطات فيديو تقدمه احدى المدارس المستقلة بعنوان التعلم الفعال وعلاقته بالمناهج وقد تناول في هذه اللقطات عدة مبادئ في عالم التعليم والتعلم ومنها:

1- التعلم الفعال الذي يشرك الطالب في صياغة الاهداف التعليمية الخاصة بالموقف التعليمي.

2- التعلم الفعال يجعل التعلم ذا متعة لدى الطلبة.

3- التعلم الفعال يعتمد على إثارة دافعية الطالب من خلال التهيئة للموقف التعليمي بعرض عملي على اساسه الطالب.

4- التعليم الفعال يتطلب بيئة صفية منظمة.

5- من ابرز ما يميز التعلم الفعال تعدد المصادر وتنوعها.

6- من سمات التعلم الفعال والنشط توظيف أنماط التعلم الثلاثة لمواءمة احتياجات الطلبة فهناك بعض الطلبة سمعيو التعلم وبعضهم بصريو التعلم وآخرون يتسمون بالتعلم الحسي الحركي.

7- التعلم الفعال قائم على الاستقصاء والبحث وتوظيف تكنولوجيا التعليم في ذلك وحل المشكلات وتنمية المهارات العليا من التفكير.

8- التعلم بالعمل يجعل التعلم فعالا ذا اثر دائم.

9- التعلم الفعال يربط التعليم بالبيئة المحيطة فلا تحده جدران الفصل.

وتحدث ايضا عن الفئات الخاصة التي تجد صعوبة في تلقيها العلم وقسمها الى عدة اقسام وهم ذوو الاحتياجات الفردية والذين يجدون صعوبات في القراءة والذين يجدون صعوبات في الكتابة وغيرهم الذين يعانون من ضعف التآزر البصري الحركي والذين يعانون من تشتت الانتباه.

وبعد ذلك تم تجهيز صالات خاصة او ورش عمل محددة الموضوع عقدت لمنسقي المواد والمعلمين فقط وكانت بعنوان المناشط المنهجية المبتكرة التي تؤثر في عملية التعلم وقد قدمها كل من السيدة فاطمة الدوسري رئيسة ورشة اللغة الانجليزية والدكتور صالح نصيرات رئيس ورشة اللغة العربية والسيد جوزيف نيو كيرك رئيس ورشة الرياضيات والسيد بيتر كراوزر رئيس ورشة العلوم وبعدها تم نقاش نشاط كل ورشة من هذه الورش المتخصصة ووضع خلاصة لمحتوى كل منها وما وصلت اليه من نتائج.

أساليب التقويم وتطوير المنهج

"التقويم عملية منهجية منظمة لجمع البيانات وتفسير الأدلة بما يؤدى إلى إصدار أحكام تتعلق بالطلاب أو البرامج مما يساعد في توجيه العمل التربوي واتخاذ الإجراءات المناسبة في ضوء ذلك ".

وتعد عملية التقويم من العمليات الأساسية التي يحتويها أي منهج دراسي، وهو في مفهومه يعنى: العملية التي يقوم بها الفرد أو الجماعة لمعرفة مدى النجاح أو الفشل في تحقيق الأهداف العامة التي يتضمنها المنهج، وكذلك نقاط القوة والضعف به حتى يمكن تحقيق الأهداف المنشودة بأحسن صورة ممكنة،ومعنى هذا أن عملية التقويم لا تنحصر في أنها تشخيص للواقع بل هي علاج لما به من عيوب، إذ لا يكفى أن تحدد أوجه القصور وإنما يجب العمل على تلافيها والتغلب عليها.

الأسس التي يتم في ضوئها تقويم المنهج المطور.

- يجب أن يرتبط التقويم بالأهداف.

- يجب أن يكون التقويم مستمرا وغير محدد بفترة زمنية معينة.

- يجب أن يكون التقويم شاملا لجميع جوانب العملية التعليمية مثل طريقة التدريس والمقررات الدراسية والإمكانيات المادية بالمدرسة والتلميذ والأهداف.

- يجب أن يكون التقويم متنوعا ومتعددا في الوسائل والأدوات لكي يواجه تعدد وتنوع الجوانب المراد تقويمها

- يجب أن يكون التقويم علميا ولتحقيق ذلك لابد من توافر شروط معينة مثل (الصدق-الثبات-الموضوعية)

- يجب أن يكون التقويم اقتصاديا.

- يجـب أن يـتم التقـويم بطريقـة تعاونيـة فيشـارك فيـه الطالـب والمـدرس وإدارة المدرسة وأولياء الأمور باعتبارهم قوى مؤثرة في عملية التعليم. تتنوع أسـاليب التقويم في منهج التاريخ المطور بحيث يشمل :

1) الاختبارات الشفويه، وتكون بشكل مستمر أثناء الحصة.

2) ملاحظة سلوك الطالب وأداءه العملي.

3) الاختبارات التحريرية وتشمل :-

- الاختبارات التحصيلية التي تتضمن أسئلة المقال والأسئلة الموضوعية.

- مقاييس الاتجاهات والقيم وذلك للتعـرف درجـة التحـول في اتجاهات الطلاب وقيمهم في ضوء ما يدرسونه.

- الملاحظة المباشرة.

- الاختبارات والمقاييس :

تستخدم للوقوف على تحصيل الطلاب في كافة الجوانب التي تتضمنها أهـداف المنهج وهى الجانب المعرفي والجانب الوجداني والجانب المهاري، ففي الجانب المعرفي تصمم اختبارات تحصيلية،الهدف منها تحديد درجـة بلـوغ الطلاب للأهـداف المعرفيـة والتي تدور حول محتوى المادة الدراسية من حقائق ومفاهيم وقوانين ونظريـات أمـا الجانب الانفعالي فيتضمن الاتجاهات والميول والقيم وتستخدم لهذا الغرض المقاييس

حوسبة التعليم

يعتبر الحاسوب مـن أكثر مظاهر التطور التكنولـوجي في هـذا العصر ـ وهو يستخدم في مجالات عديدة في حياتنا ومـن أبرزهـا تكنولوجيا المعلومـات. وقـد بـرزت أهمية استخدام الحاسوب في المدارس بعد اكتشاف شبكة البريد الإلكتروني وشبكة المعلومات العالمية "الإنترنت". وأصبحت المدارس في كثير من دول العالم متصلة

ببعضها البعض وبمراكز المعلومات عبر هذه الشبكات المتطورة والتي أصبحت جزءا لا يتجزأ من الثقافة المدرسية السائدة، ومصدرا مهما للتعليم والتعلم داخل الصفوف، لما لهذه التقنية من قدرة على توفير المعلومات من جميع أنحاء العالم ووضعها بين يدي المعلم والطالب عبر شاشة الحاسوب. وقد أحدثت التكنولوجيا الحديثة ثورة في كيفية عمل المدرسة، وسوف يتمركز التعليم والتعلم في المستقبل بشكل كبير حول الحاسوب والذي يسمح بالتعلم الذاتي والتدريب الشخصي- بعد أن كان في الماضي مقتصرا على الأغنياء فقط.

لقد استخدم البريد الإلكتروني قبل الإنترنت، وهو يعتبر من أهم أدوات الاتصال السريعة بين المعلمين أنفسهم وبين المعلمين والطلبة. وتعتبر شبكة المعلومات العالمية World Wide Web من أهم مكونات الإنترنت وهي توفر المرونة والتكامل في الخدمات المتنوعة من تجارية وعلمية وأكاديمية. وهي تعتبر كذلك من الوسائط التعليمية المتعددة لاحتوائها على الصور والنصوص والرسومات التوضيحية والمتحركة والأصوات، وبالتالي فهي تعتبر من الوسائل التعليمية المهمة مما يزيد من مبررات استخدامها داخل الصف.

وتمتاز الشبكة بالقدرة على تحويل الملفات الخاصة من جهاز أو مصدر معلومات إلى أي جهاز حاسوب موصول بالشبكة في أي مكان بالعالم بناء على بروتوكولات نقل الملفات. وتمتاز الشبكة أيضا بتوفير تقنية التحدث الآني مع الآخرين (Chatting)، والتي من شأنها أن توفر التواصل اللحظي بين مجموعة من المعلمين والإداريين والطلبة أينما كانوا.

تتلخص الخدمات التي توفرها شبكة الاتصال الإلكترونية وشبكة الإنترنت للمعلمين وللطلاب فيما يلي:

الاتصال والتواصل السريعان: فعبر شبكة البريد الإلكتروني يتواصل المعلمون والطلبة مع بعضهم البعض ومع المعلم بسرعة وفاعلية ومن دون مواعيد مسبقة أو تحديد ساعات مكتبية. وبخدمة البريد الإلكتروني يستطيع المعلم الاتصال بطلبته

وبعائلاتهم وإرسال معلومات لمجموعة من المعلمين أو الطلبة المشتركين بقائمة تعليمية، وتوجيه انتباه الطلاب إلى مراجع مختلفة على الإنترنت.

الدخول إلى مراكز المعلومات: فعبر شبكة الاتصال العالمية والتي تتوفر في الإنترنت يستطيع المعلمون والطلبة الدخول إلى مراكز المعلومات ومحركات البحث المختلفة للوصول إلى أي مرجع موجود في المكتبات العالمية مثل مكتبة الكونغرس ومكتبات الجامعات المختلفة الموصولة بهذه الخدمة، والحصول على ملخص لهذه المعلومات أو مقالات كاملة يمكن تخزينها على قرص الحاسوب الشخصي.

الاشتراك بمنتديات حوار: يمكن للمعلمين والطلاب الاشتراك مع قائمة حوار عبر البريد الإلكتروني تهتم بمناقشة محاور مختلفة. وبالإمكان الاشتراك بمنتديات محلية وعالمية مختلفة.

الاشتراك بالدوريات الإلكترونية: بسبب التنافس الكبير في دور النشر، ارتأت كثير منها توفير خدمة نشر المجلات والدوريات وبعض الكتب الصادرة عنها عبر الإنترنت، بالإضافة إلى طبعها على مطبوعات ورقية. وبذلك فهي توفر لزبائنها الأكاديميين والمعلمين والطلاب فرصة الاشتراك بها، والحصول على المقالات والمواضيع بسرعة فائقة ودون عناء الانتظار لكي تصل إلى صناديق البريد. وبهذا فهي توفر الوقت والجهد والمال لزبائنها. وما على المشتركين إلا توفير برنامج لفتح ملفات الدوريات بحيث يتم من خلالها حفظ المعلومات على الحاسب الشخصي.

ويعتمد التربويون على العديد من المبررات التربوية التي يدعمون من خلالها إدخال الإنترنت إلى المدارس والى غرف التعليم. فبعد دراسة مسحية لليونسكو (,Charp 2000) والتي راجعت تسعين دراسة من بلدان مختلفة حول دور الإنترنت في التعليم، تبين أن هذه التكنولوجيا تؤثر بشكل إيجابي على دافعية الطلبة نحو التعلم وتزيد من تعلمهم الذاتي، وتحسن من مهارات الاتصال ومهارات الكتابة. ولهذه التكنولوجيا اثر إيجابي على المعلمين أنفسهم حيث تساعدهم على التنويع في أساليب التعليم، وتزيد من تطورهم المهني، ومن معرفتهم بتخصصهم، وتساعدهم على إيجاد

حلول إدارية داخل الصف، وترفع من الألفة والتواصل بين المعلم والطلبة. كما أنها تساعد المعلم على التعرف على المهارات المتنوعة، والخصائص الفردية لطلبته.

وتتميز شبكة الاتصال "الإنترنت" وشبكة البريد الإلكتروني كأداة تعليمية عن غيرها من الأدوات التعليمية بالأمور التالية :

- البحث عن المعلومات يوفر جوا من المتعة اكثر من طرق البحث من خلال الكتب، ففيها أصوات وصور متحركة وأنماط مختلفة من العروض.
- توفر خيارات تعليمية عديدة للمعلم والطالب لما فيها من تنويع في المعلومات والإمكانيات.
- المعلومات تكون حديثة ومتجددة باستمرار.
- توفر معظم المعلومات على شكل صيغ رقمية " Digital format" والتي يمكن أن تحول إلى أي برنامج يمكن من خلاله قراءته أو تحويله إلى برامج أخرى قادرة على فتحها وتغيرها بصورة مناسبة للطلبة وعرضها عليهم من خلال وسائل إلكترونية أخرى.

ما يميز شبكة الإنترنت أنها تزود الجميع بالقدرة على أن يكونوا ناشرين. فمعظم الشركات المزودة بالاتصال على الشبكة توفر مساحة للأفراد لنشر موادهم. فيمكن للمعلم أن يتبادل المعلومات مع المعلمين الآخرين عن مصادر تعليمية أو خطط وأوراق عمل. كذلك يمكن للطلبة أن يشاركوا في نشر أعمالهم بإشراف المدرسة وتبادل التغذية الراجعة من خلال إمكانية الاتصال مع خبراء في المواضيع المختلفة.

تناولت العديد من الأبحاث (Framer & Charp, 2000; De Cicco, Hargrave, 1999) مزايا الإنترنت كأداة تربوية. تتلخص هذه المزايا فيما يلي:

توفر فرصة تعليمية غنية وذات معنى: فالطلبة ومع شعورهم بالسيطرة والتحكم على تعلمهم يتحكمون بمدى تقدمهم الأكاديمي ويشاركون رؤيتهم وتجاربهم مع الآخرين أكثر من أولئك الطلبة الذين لا تتوفر لديهم فرصة التعلم

عبر الإنترنت. ويمكن تطوير هـذه القدرات بواسطة الاتصـال مـع الأصدقاء والزملاء ومشاركتهم للأفكار.

تطور مهارات الطلبة على مدى ابعد من مجرد تعلم محتوى التخصص: إن ما يميز طلبة هذا العصر هو قـدرتهم عـلى اكتسـاب مهـارات مثل القيـادة، بناء الفريق، مهارات التواصل الجيد، التفكير الناقد، وحل المشكلات. إن استخدام الإنترنت يمكن أن يزيد من احتمالية اكتساب الطلبة لهذه المهارات.

توفر فرصة تعلم في أي وقت وأي مكان: إن التعلم عـبر الإنترنت يوفر بيئة تعليمية غير مقتصرة على غرفة الصف أو على زمن معين. إن التحرر من الوقت والحيـز يحفز العلاقات مع الآخرين من أجل التغذيـة الراجعـة وأخذ المعلومـات مـن مصـادر مختلفة وتكوين قدرات ذاتية.

دور جديد للمعلم: بالإضافة إلى توفير فرص تعليمية للطلبة، فان الإنترنت يوفر فرصة تطوير مهني وأكاديمي كبيرة للمعلم عـبر الاشـتراك بالمؤتمرات الحيـة مـن خـلال البريد الإلكتروني أو شبكة الاتصال المباشر، والحـوار بين الأكـاديميين بحيـث يبقى عـلى اتصال بالتطورات الأكاديمية الحاصلة في العالم. ومن خلال هـذا الاتصال الأكاديمي فان المعلم يشكل قدوة لطلبته بالاتصال بالأمور التي تفيدهم مقللا بـذلك فرصـة اتصـالهم بأمور غير تعليمية وغير مناسبة.

على الرغم من الدور المتميز للإنترنت كـأداة تربويـة، إلا أن اسـتخدام الإنترنت لأغراض التعليم والتعلم يواجـه بعـض العقبـات، مـن أهمهـا أن هنـاك حاجـة لتـدريب المعلمين وتقديم لهم المساعدة الفنية اللازمة للتغلب على هذه العقبات. يرى جونسون (Johnson, 1999) في دراسته أن هنـاك حاجـة لتـدريب معلمـي المـدارس عـلى كيفيـة استخدام الإنترنت، ومساعدة مصممي بـرامج التـدريب عـلى تحديـد قدرات معلمـي المدارس في بعض الأمور المتعلقـة باستخدام الإنترنت. ويصـف تيـتر (Teeter, 1997) تجربة استخدام الإنترنت لتعليم مساق في التربية في جامعة أركنساس " Arkansas at Little Rock " في الولايات المتحدة، فعلى الرغم من أن هـذه التجربـة كان لها العديد من الفوائد التي تتلخص فيما يلي:

- زيادة دافعية الطلاب وحماسهم للمشاركة في نقاشات والبحث عن مصادر مـن خلال الإنترنت.

- الدراسة والبحث والمشاركة في النقاشات كان يتم في الوقت الملائم للطلبة وكما يصف أحد الطلاب المشاركين "لم يتحتم عـلي أن ألبس وأن أسـتعد لأذهب إلى غرفة الصف".

- الوصول إلى عدد غير محدود من المصادر المتعلقة بموضوع البحث.

- تحسين القدرة على الكتابة والمشاركة بالنقاشات.

- إلا أن استخدام الإنترنت لتعليم المساق في التربيـة في هـذه الجامعـة الأمريكيـة واجه بعض المشكلات:

- عـدم تـوافر الـدعم الفنـي technical support فقـد واجـه الطـلاب بعـض المشكلات أثناء استخدام الإنترنـت ولم تتـوفر لهـم الخبرة الكافيـة لحـل هـذه المشكلات.

- إن استخدام الإنترنت للتعليم يتطلب وقتـا أكـثر بكثـير مـن التعليم التقليـدي، فكما قال الأساتذة إن الاستجابة لكل طالب كتابيا عبر الإنترنت يتطلب الكثير من الوقت، كما أن تحضير القـراءات للمسـاق وعرضها عبر الإنترنـت يستهلك الكثير من الوقت.

- كان التركيز على عملية التعلم بـدلا مـن مضمون الـتعلم process focus on not content، فمعظم الطلبة الذين تعلموا هذا المساق ذكروا أنه كان لتعليـم اسـتخدم الإنترنت ولم يتطرقوا إلى الأسـس الفلسـفية، الاجتماعيـة والتاريخيـة للتربيـة الأمريكيـة. ويبـدو أن بعض هـذه الفوائد والعقبات تعـود لحداثـة التجربة، فالطلاب تزيد دافعيتهم عند المشاركة بتجربة جديدة،

واستهلاك الكثير من الوقت وقلة الدعم الفني يعود أيضا إلى أن الطلاب والمعلمين على حد سواء ليسوا معتادين على التعلم والتعليم بهذه الطريقة.

يبدو من مراجعة الدراسات السابقة أن استخدام الإنترنت في التعليم له العديد من المزايا التي تؤدي إلى رفع نوعية التعلم وزيادة التعاون بين الأكاديميين والطلبة إلا أن هناك بعض المشاكل التي تواجه التربويين في توظيف الإنترنت كأداة تربوية ولا بد من أخذ هذه المحددات بعين الاعتبار والتخطيط للتغلب عليها عند استخدام الإنترنت لأغراض تربوية.

كيف يمكن استخدام الإنترنت كأداة تربوية

توفير الأرضية المناسبة لتوظيف الإنترنت في التعليم: فعلى المسؤولين ومخططي البرامج أن يوفروا برامج التأهيل الفعالة للمعلمين واستغلال تكنولوجيا الإنترنت وميزاتها الضخمة في عمل منتديات وقنوات اتصال بين المعلمين في جميع أنحاء فلسطين وفي العالم لتبادل الخبرات والتجارب التربوية. تدريب وتشجيع المعلمين على الاتصال بطلبتهم من خلال الصفحات المدرسية الإلكترونية والبريد الإلكتروني، باعتبار أن عددا لا يستهان به من الطلبة لديهم خدمة الإنترنت في بيوتهم أو يذهبون إلى مقاهي الإنترنت.

زيادة الدعم الفني من خلال وجود مشرف على الأجهزة والمختبرات يكون على صلة بالمدارس ويقدم الصيانة للأجهزة والدعم الفني للمعلمين.

التوجه نحو حوسبة التعليم: فالهدف ليس أن يتعلم المعلم والطالب كيف يستخدم الإنترنت، بل كيف يوظف الإنترنت في تعليم المواد المختلفة.

إعداد نشرات مبسطة: تحتوي على المواقع التربوية المختلفة والمتخصصة بشتى المواضيع وتبادلها بين المعلمين بحيث تصف الموقع وما يقدمه من أفكار تعليمية.

الدمج بين المنهاج واستخدام الإنترنت: إن هذا بحاجة إلى مراجعة شاملة لفلسفة المناهج ووضع أهداف استراتيجية تركز في جوهرها على التطور التكنولوجي

وتراعي الثورة التكنولوجية الهائلة الحاصلة في العالم. فلسفة تحاكي التطور ضمن ثقافة المجتمع الفلسطيني وتروض الصعوبات والتوجهات السلبية المعارضة لاستخدام الإنترنت، وتظهر الفائدة التي يمكن جنيها في عملية التعليم والتعلم من جراء استخدام مثل هذه التكنولوجيا. إن منهاج التكنولوجيا الجديد ليعد خطوة أولى نحو هذا الهدف، لكن الأهم هو وجود "التكنولوجيا" في مناهج التاريخ والجغرافيا واللغة العربية واللغة الإنكليزية والتربية الإسلامية وكافة المناهج الفلسطينية الأخرى وخلق نشاطات لا يمكن إتمامها إلا عبر توظيف الإنترنت، مثلا مشروع تربوي يتم من خلاله التواصل بين الطلبة في داخل فلسطين وإخوانهم في الشتات أو مشاريع تهدف إلى التعرف على ثقافة شعوب أخرى من خلال التواصل معهم.

الاهتمام بتعليم مهارات التفكير الناقد للطلبة وإستراتيجيات تقييم صفحات الإنترنت المختلفة وذلك للحكم على ملاءمة هذه الصفحات لموضوع بحثهم. فمثلا أن يهتم الطلبة بتقييم المعلومات: هل هي حديثة، هل هي دقيقة، هل يوجد توثيق لهذه المعلومات، هل تم فحص المواقع التي تقود إليها هذه الصفحة؟

رفع الوعي لدى الطلبة بأخلاقيات استخدام الإنترنت on line ethics وبأساليب الأمان safety on the web في استخدام الإنترنت ذلك من خلال التوضيح لهم أنه لا يجوز أن يعطوا عنوانهم الإلكتروني لمن لا يعرفونه، عدم مقابلة شخص تعرفوا عليه من خلال البريد الإلكتروني والمحادثة الآنية. كذلك من الضروري تشجيعهم على الحديث عن مواقعهم المفضلة ومشاركتهم في الدخول إليها.

استخدامات البريد الإلكتروني (Mail Electronic) في التعليم.

البريد الإلكتروني (Mail Electronic) هو تبادل الرسائل والوثائق باستخدام الحاسوب ويعتقد كثير من الباحثين أمثال كاتب أن البريد الإلكتروني من أكثر خدمات الإنترنت استخداما وذلك راجع إلى سهولة استخدامه. ويعزو (Eager, 1994) نمو الإنترنت بهذا السرعة إلى البريد الإلكتروني ويقول " لو لم يوجد البريد الإلكتروني لما وجدت الإنترنت ".

بل ويذهب البعض أبعد من ذلك ويقول من أنه-البريد الإلكتروني-يعد السبب الأول لاشتراك كثير من الناس في الإنترنت. ويعد البريد الإلكتروني أفضل بديل عصري للرسائل البريدية الورقية ولأجهزة الفاكس. ولإرسال البريد الإلكتروني يجب أن تعرف عنوان المرسل إليه، وهذا العنوان يتركب من هوية المستخدم الذاتية، متبوعة بإشارة @ متبوعة بموقع حاسوب المرسل إليه.

ويعتبر تعليم طلاب التعليم على استخدام البريد الإلكتروني الخطوة الأولى في استخدام الإنترنت في التعليم وقد ذكر بعض الباحثين أن استخدام الإنترنت تساعد المعلم في التعليم على استخدام ما يسمى بالقوائم البريدية (Listserve) للفصل الدراسي الواحد حيث يتيح للطلبة الحوار وتبادل الرسائل والمعلومات فيما بينهم.

هذا وقد تساءل (Lue & Leu, 1997) حول الوقت الذي يحتاجه الشخص لتعلم البريد الإلكتروني وعن علاقة الوقت الذي أمضاه المتعلم بالفوائد التي سوف يجنيها فقال "....حقا كثير من الناس يستكثرون الوقت الذي يمضونه في التعلم [البريد الإلكتروني] لكنه استثمار حقيقي في الوقت والجهد والمال".

أما أهم تطبيقات البريد الإلكتروني في التعليم فهي:

1. استخدام البريد الإلكتروني (Mail Electronic) كوسيط بين المعلم والطالب لإرسال الرسائل لجميع الطلاب، إرسال جميع الأوراق المطلوبة في المواد، إرسال الواجبات المنزلية، الرد على الاستفسارات، وكوسيط للتغذية الراجعة(Feedback).

2. استخدام البريد الإلكتروني كوسيط لتسليم الواجب المنزلي حيث يقوم الأستاذ بتصحيح الإجابة ثم إرسالها مرة أخرى للطالب، وفي هذا العمل توفير للورق والوقت والجهد، حيث يمكن تسليم الواجب المنزلي في الليل أو في النهار دون الحاجة لمقابلة الأستاذ.

3. استخدام البريد الإلكتروني كوسيلة للاتصال بالمتخصصين من مختلف دول العالم والاستفادة من خبراتهم وأبحاثهم في شتى المجالات.

4. استخدام البريد الإلكتروني كوسيط للاتصال بين أعضاء هيئة التدريس والمدرسة أو الشئون الإدارية.

5. يساعد البريد الإلكتروني الطلاب على الاتصال بالمتخصصين في أي مكان بأقل تكلفة وتوفير للوقت والجهد للاستفادة منهم سواء في تحرير الرسائل أو في الدراسات الخاصة أو في الاستشارات.

6. استخدام البريد الإلكتروني كوسيط للاتصال بين الجامعات السعودية في المستقبل يكون عبر البريد الإلكتروني كما تفعل الجامعات في البلاد الغربية فقد ذكر (Scott, 1997) أن الجامعات في اليابان وأمريكا والصين وأوربا اعتمدت البريد الإلكتروني كوسيلة اتصال معتمدة.

7. استخدام البريد الإلكتروني كوسيلة اتصال بين الشؤون الإدارية بالوزارة والطلاب وذلك بإرسال التعاميم والأوراق المهمة والإعلانات للطلاب.

8. كما يمكن أيضا استخدام البريد الإلكتروني كوسيلة لإرسال اللوائح والتعاميم وما يستجد من أنظمة لأعضاء هيئة التدريس وغيرهم.

وبالجملة فإن هذه بعض التطبيقات في الوقت الحاضر لخدمة البريد الإلكتروني في التعليم في المملكة العربية السعودية، ولاشك أن الاستخدام سوف يولد استخدامات أخرى أكثر وأكثر مما ذكر.

أخيرا وكما سبقت الإشارة إلى أن البريد الإلكتروني (Electronic Mail) يعتبر من أكثر خدمات الإنترنت شعبية واستخداما وذلك راجع إلى الأمور التالية:

1- سرعة وصول الرسالة، حيث يمكن إرسال رسالة إلى أي مكان في العالم خلال لحظات.

2- أن قراءة الرسالة - من المستخدم- عادة ما تتم في وقت قد هيأ نفسه للقراءة والرد عليها أيضا.

3- لا يوجد وسيط بين المرسل والمستقبل (إلغاء جميع الحواجز الإدارية).

4- كلفة منخفضة للإرسال.

5- يتم الإرسال واستلام الرد خلال مدة وجيزة من الزمن.

6- يمكن ربط ملفات إضافية بالبريد الإلكتروني.

7- يستطيع المستفيد أن يحصل على الرسالة في الوقت الذي يناسبه.

8- يستطيع المستفيد إرسال عدة رسائل إلى جهات مختلفة في الوقت نفسه.

استخدامات القوائم البريدية (List Mailing) في التعليم.

القوائم البريدية تعرف اختصارا باسم القائمة (list) وهي تتكون من عناوين بريدية تحتوي في العادة على عنوان بريدي واحد يقوم بتحويل جميع الرسائل المرسلة إليه إلى كل عنوان في القائمة. وبمعنى آخر فإن اللوائح البريدية المسماة (مجموعة المناقشة إلكترونيا) هي لائحة من عناوين البريد الإلكتروني ويمكن الاشتراك (أو الانضمام) بلائحة بريدية ما من خلال الطلب من المسؤول عنها المسمى بمدير اللائحة. ورغم أن هناك بعض اللوائح تعمل كمجموعات مناقشة فإن بعضها الآخر يستعمل في المقام الأول كوسيلة لتوزيع المعلومات. مثلا قد تستعمل مؤسسة متطوعة لائحة بريدية ما لنشر مجلتها الشهرية. كما أن هناك قوائم بريدية عامة وأخرى خاصة(Steele, 1997).

وتجدر الإشارة إلى أن هناك نوعين من اللوائح أو القوائم، فهناك قوائم معدلة (Moderated mailing List) وهذا يعني أن أي مقال يرسل يعرض على شخص يسمى (Moderator) يقوم بالاطلاع على المقال للتأكد من أن موضوعه مناسب لطبيعة القائمة ثم يقوم بنسخ وتعميم تلك المقالات المناسبة، أما القوائم غير المعدلة

(Unmoderated) فإن الرسالة المرسلة ترسل إلى جميع المستخدمين دون النظر إلى محتواها (1994,Eager).

والقوائم العامة تناقش عددا من المواضيع فمهما كان اهتمامك سوف تجد من يشاركك هذا الاهتمام على مستوى العالم، ولا يستطيع أحد حصر جميع القوائم البريدية في العالم لأن بعضها غير معلن أصلا لكن يقدر أن هناك أكثر من 25000 قائمة تناقش عددا من الموضوعات.

وتعتبر خدمة القوائم البريدية (List Mailing) إحدى خدمات الاتصال المهمة في الإنترنت، ولكن كثير من الناس أخفقوا -على حد تعبير (1998,Milam) - في معرفة توظيف هذه الخدمة في جميع المجالات في الحياة العامة. ومن هنا يمكن القول إن توظيف هذه الخدمة في التعليم يساعد على دعم العملية التربوية، ومن أهم مجالات التطبيق مايلي :

1. تأسيس قائمة بأسماء الطلاب في الفصل الواحد (الشعبة) كوسيط للحوار بينهم ومن خلال استخدام هذه الخدمة يمكن جمع جميع الطلبة والطالبات المسجلين في مادة ما تحت هذه المجموعة لتبادل الآراء ووجهات النظر.

2. بالنسبة للأستاذ الجامعي يمكن أن يقوم بوضع قائمة خاصة به تشتمل على أسماء الطلاب والطالبات وعناوينهم بحيث يمكن إرسال الواجبات المنزلية ومتطلبات المادة عبر تلك القائمة، وهذا سوف يساعد على إزالة بعض عقبات الاتصال بين المعلم وطلابه وخاصة الطالبات.

3. توجيه الطلاب والمعلمين للتسجيل في القوائم العالمية العلمية (حسب التخصص) للاستفادة من المتخصصين ومعرفة الجديد، وكذلك الاستفادة من خبراتهم والسؤال عن ما أشكل عليهم.

4. يمكن تأسيس قوائم خاصة للطلاب المسجلين بمادة معينة لكي يتم التحاور فيما بينهم لتبادل الخبرات العلمية.

5. تأسيس قوائم خاصة للمعلمين حسب الاهتمام (علوم، لغة عربية، رياضيات...الخ) وذلك لتبادل وجهات النظر فيما يخدم العملية التعليمية.

6. كذلك الأقسام العلمية يمكن أن تقوم بتأسيس قائمة بأسماء أعضاء هيئة التدريس المنتمين للقسم للاتصال بهم بأقل تكلفة تذكر.

7. الاتصال بالمهتمين بنفس التخصص حيث يمكن للطلاب أو المعلمين الاتصال بزملاء لهم من مختلف أنحاء العالم ممن يشاركونهم الاهتمام في موضوعات معينة لبحث الجديد فيها وتبادل الخبرات وهذا بالطبع يتم باستخدام نظام القوائم.

8. تكوين قوائم بريدية للطلبة والطالبات في جميع المدارس والجامعات، وهذه الخدمة تتيح الفرصة للطلاب لتبادل وجهات النظر في تطوير العملية التربوية.

هذه بعض تطبيقات نظام القوائم البريدية العامة وما ذكر فهو على سبيل العد لا الحصر وإلا فهناك تطبيقات أخرى خاصة ببعض الأقسام، ثم إن هناك تطبيقات أخرى سترى النور في المستقبل القريب.

الباب الثاني

أساليب التدريس الحديثة

أساليب التدريس الحديثة

تمهيد:

يعد المعلم أحد العناصر الرئيسية -إن لم يكن هو العنصر الأساس -الذي تقوم عليه العملية التعليمية بجميع محاورها. فالطالب والمنهاج والأنشطة لن تستطيع لوحدها أن تشكل بيئة تعليمية ولن تستطيع أن تعد جيلا قادرا على اكتساب المعلومة والإفادة منها في كل وقت وحين .

ورحم الله الشافعي حين قال:

أخي لن تنال العلم إلا بستة

سأنبيك عن تأويلها ببيان

ذكاء وحرص واجتهاد وبلغة

وصحبة أستاذ وطول زمان

قال معاذ بن جبل: تعلموا العلم فأن تعلمه لله خشية، وطلبه عبادة، ومدارسته تسبيح، والبحث عنه جهاد، وتعليمه من لا يعلمه صدقة، وبذْله لأهله قربة .. وهو الأنيس في الوحدة، والصاحب في الخلوة، والدليل على الدين، والصبر على السراء والضراء، والوزير عند الإخلاء، والقريب عند الغرباء، ومنار سبيل الجنة، ويرفع الله به أقواما فيجعلهم في الخير قادة سادة، هداة يقتدى بهم، أدلة في الخير، تقتص آثارهم، وترمق أفعالهم، وترغب الملائكة في حلتهم، بأجنحتها تمسحهم، وكل رطب ويابس لهم يستغفر، حتى حيتان البحر وهوامه، وسباع البر وأنعامه، والسماء ونجومها .. لأن العلم حياة القلوب من العمى، ونور الأبصار من الظلم، وقوة الأبدان من الضعف، يبلغ به العبد منازل الأبرار والدرجات العلى، والتفكير فيه يعدل بالصيام، ودارسته بالقيام، به يطاع الله عز وجل، وبه يعبد، وبه يوحد، وبه يمجد، وبه يورع، وبه توصل الأرحام، وبه يعرف الحلال من الحرام، وهو إمام والعمل تابعه، يلهمه السعداء، ويحرمه الأشقياء.

إن استخدام استراتيجيات التدريس الحديثة يهدف إلى تطوير ممارسات المعلمين التدريسية داخل الصف وخارجه، مما يسهم في تغيير دور الطالب من متلق سلبي إلى دور نشط وحيوي ايجابي باحث عن المعلومة منتج لها.

ونظرا لأهمية دور المعلم والمشرف التربوي في نشر الوعي بالمجتمع التربوي حول استراتيجيات التدريس وبيان عوائدها على عملية التعلم، لا بد من توضيح مفهوم استراتيجية التدريس ومكوناتها ومواصفاتها، والفرق بين طرائق التدريس وأساليبه واستراتيجياته.

مفهوم استراتيجية التدريس:

يعتبر مصطلح الاستراتيجية من المصطلحات العسكرية والتي تعني استخدام الوسائل لتحقيق الأهداف، فالاستراتيجية عبارة عن إطار موجه لأساليب العمل ودليل مرشد لحركته.

وقد تطور مفهوم الاستراتيجية وأصبح يستخدم في كل موارد الدولة وفي جميع ميادينها واستخدم لفظ استراتيجية في كثير من الأنشطة التربوية، وقد عرفت كوثر كوجك الاستراتيجية في التعليم بأنها "خطة عمل عامة توضع لتحقيق أهداف معينة، ولتمنع تحقيق مخرجات غير مرغوب فيها ".

ويقول عبد الله شقيبل أن استراتيجيات التدريس يقصد بها " تحركات المعلم داخل الفصل، وأفعاله التي يقوم بها، والتي تحدث بشكل منتظم ومتسلسل "، وأكد لتكون استراتيجية المعلم فعالة فإنه مطالب بمهارات التدريس: (الحيوية والنشاط، الحركة داخل الفصل، تغيير طبقات الصوت أثناء التحدث، الإشارات، الانتقال بين مراكز التركيز الحسية،....).

ان استراتيجية التدريس هي خطوات إجرائية منتظمة ومتسلسلة بحيث تكون شاملة ومرنة ومراعية لطبيعة المتعلمين، والتي تمثل الواقع الحقيقي لما يحدث داخل الصف من استغلال لإمكانات متاحة، لتحقيق مخرجات تعليمية مرغوب فيها.

الفرق بين طرائق التدريس وأساليب التدريس واستراتيجيات التدريس:

هناك بعض المفاهيم المهمة التي يجب أن نميز بين دلالاتها، لأن البعض يرى أنها مرادفات لمفهوم واحد، وهي طريقة التدريس، وأسلوب التدريس، وإستراتيجية التدريس، وهي مفاهيم ذات علاقات فيما بينها، إلا أن لكل منها دلالته ومعناه.

ويبين ممدوح سليمان أن هذا الخلط ليس فقط في الكتابات والقراءات العربية، بل حتى في الكتابات والقراءات الأجنبية، وذكر أن هناك حدود فاصلة بين طرائق التدريس، وأساليب التدريس، واستراتيجيات التدريس، وأوضح أنه: يقصد بطريقة التدريس الطريقة التي يستخدمها المعلم في توصيل محتوى المنهج للطالب أثناء قيامه بالعملية التعليمية، بينما يرى أن أسلوب التدريس هو مجموعة الأنماط التدريسية الخاصة بالمعلم والمفضلة لديه، أي أن أسلوب التدريس يرتبط ارتباطا وثيقا بالخصائص الشخصية للمعلم، ويؤكد على أن **استراتيجيه التدريس** هي مجموعة تحركات المعلم داخل الصف التي تحدث بشكل منتظم ومتسلسل تهدف إلى تحقيق الأهداف التدريسية المعدة مسبقا.

مما سبق يمكن التوصل إلى المفاهيم التالية:

أساليب التدريس:

إجراءات خاصة يقوم بها المعلم ضمن الإجراءات العامة التي تجري في موقف تعليمي معين، فقد تكون طريقة المناقشة واحدة، ولكن يستخدمها المعلمون بأساليب متنوعة كالأسئلة والأجوبة، أو إعداد تقارير لمناقشتها.

الإستراتيجية التعليمية (Teaching Strategy)

هو كل ما يتعلق بأسلوب توصيل المادة للطلاب من قبل المعلم لتحقيق هدف ما، وذلك يشمل كل الوسائل التي يتخذها المعلم لضبط الصف وإدارته؛ هذا

وبالإضافة إلى الجو العام الذي يعيشه الطلبة، والتي تمثل الواقع الحقيقي لما يحدث داخل الصف من استغلال لإمكانات متاحة، لتحقيق مخرجات تعليمية مرغوب فيها.

طريقة التدريس

الطريقة التي يستخدمها المعلم في توصيل محتوى المنهج للطالب أثناء قيامه بالعملية التعليمية

إستراتيجية التدريس

هـي مجموعـة تحركـات المعلـم داخـل الصـف التـي تحـدث بشـكل منتظـم ومتسلسل تهدف إلى تحقيق الأهداف التدريسية المعدة مسبقا.

كيف تصمم الاستراتيجية ؟

تصمم الاستراتيجية في صورة خطوات إجرائية بحيث يكون لكل خطوة بدائل، حتـى تتسـم الاسـتراتيجية بالمرونـة عنـد تنفيـذها، وكـل خطـوة تحتـوي عـلى جزيئـات تفصيلية منتظمة ومتتابعة لتحقيق الأهداف المرجـوة، لـذلك يتطلـب مـن المعلـم عنـد تنفيذ استراتيجية التدريس تخطيط منظم مراعيا في ذلك طبيعة المتعلمين وفهم الفروق الفردية بينهم والتعرف على مكونات التدريس.

مواصفات الاستراتيجية الجيدة في التدريس :

1- الشمول، بحيث تتضمن جميع المواقف والاحتمالات المتوقعة في الموقف التعليمي.

2- المرونة والقابلية للتطوير، بحيث يمكن استخدامها من صف لآخر.

3- أن ترتبط بأهداف تدريس الموضوع الأساسية.

4- أن تعالج الفروق الفردية بين الطلاب.

5- أن تراعي نمط التدريس ونوعه (فردي، جماعي).

6- أن تراعي الإمكانات المتاحة بالمدرسة.

مكونات استراتيجيات التدريس:

حدد أبو زينه: مكونات استراتيجية التدريس على أنها:

1- الأهداف التدريسية.

2- التحركات التي يقوم بها المعلم وينظمها ليسير وفقها في تدريسه.

3- الأمثلة،والتدريبات والمسائل والوسائل المستخدمة للوصول إلى الأهداف.

4- الجو التعليمي والتنظيم الصفي للحصة.

5- استجابات الطلاب بمختلف مستوياتهم والناتجة عـن المثيرات التـي ينظمها المعلم ويخطط لها.

كما يرى أن تحركات المعلم هي العنصر المهم والرئيس في نجـاح أي اسـتراتيجيه للتـدريس، لدرجـة أن بعضـهم عـرف الاسـتراتيجية التدريسـية عـلى أنهـا تتابـع منـتظم ومتسلسل من تحركات المعلم.

اننا جميعـا كمعلمـين معنيـون بتطـوير هـذه الاسـتراتيجيات في بيئـات التعلم المختلفة وهو ليس بالأمر السهل في ظل ثقافة تعزز الفردية والنمطية.

ان المعلم يجاهد كما يجاهد الآخرون لإحداث تغيير ملحـوظ في أداء الطلاب داخل الصفوف الدراسية، ان مدارسنا اليوم تعج بالمعلمين المتحمسين الراغبين في تطوير وتحديث طرق التدريس مؤكدين على أساليب نقل المعرفة لكن البعض يجهل أمورا أعظم في بناء الإنسان بناء الثقة بالنفس وتقدير الذات ونحن في هـذا العصر ـ أحوج ما نكون للواثقين الواعدين من الشباب أولئك الذين تبنى بسواعدهم وعقولهم حضارة المجتمع.

ويصف ميريل هارمن في كتابه «استراتيجيات لتنشيط التعلم الصفي» عن حي فقير من احياء مدينة مونتريال الكندية وصل فيه العنف والانحطاط الى

مستويات عالية في وسط ذلك الحي كانت هناك مدرسة ابتدائية ولم يكن مثيرا للدهشة ان وجد الباحثون ان قليلا من الطلاب الذين التحقوا بتلك المدرسة استطاعوا تحسين نمط حياتهم حتى بعد انقضاء 25 عاما من حياة أولئك الخريجين، غير ان بعض خريجي هذه المدرسة كانوا اكثر نجاحا وبشكل خاص اولئك الطلاب الذين تلقوا تعليمهم في الصف الاول الابتدائي على يد معلمة تدعى الآنسة A فقد لاحظ الباحثون شيئا مثيرا للفضول بخصوص طلاب الآنسة A وجدوا ان 38% من طلاب الصف الاول الابتدائي الذين تلقوا تعليمهم على يد المعلمين الاخرين يعيشون تحت ادنى مستوى من مستويات الفقر بينما لم يجد الباحثون طالبا واحدا ممن تلقوا تعليمهم على يد الآنسة A يعش في ذلك المستوى يقول هارمن ا نه من الواضح ان احد معلمي الصف الاول الابتدائي كان له تأثير مثير وطويل المدى على الطلاب يفوق ذلك الذي تركه تعليمهم القراءة والكتابة والحساب.

وخلال السنوات الأخيرة زاد الاهتمام بالاستراتيجيات المعرفية والاجتماعية على حساب الاستراتيجيات السلوكية التي كانت مسيطرة على حقول التربية خلال العقود الماضية. ويعود السبب إلى التطور وانفجار المعرفة في القرن الحادي والعشرين واستخدام التقنيات الحديثة في مجال الاتصالات بالإضافة إلى زيادة الاهتمام بتعليم الطلبة طريقة الحصول على المعرفة وتنمية أنماط التفكير المختلفة لديهم أكثر من تحصيل المعرفة نفسها.

و يتوقف اختيار طريقة التدريس على عدة عوامل منها:

1-المرحلة التعليمية: يتعلق اختيار الطريقة بالمرحلة التعليمية التي يدرس فيها المعلم، مرحلة ابتدائية أو إعدادية أو ثانوية... فما يلائم مرحلة تعليمية قد لا يلائم مرحلة تعليمية أخرى.

2-مستوى المتعلمين: يجب أن تراعى عند اختيار طرائق التدريس الفروق الفردية بين المتعلمين سواء من حيث التعلم وأساليب التفكير وطريقتهم في الحفظ والفهم، كما تراعى أعمارهم وجنسهم وخلفياتهم الاجتماعية.

3-الأهداف المنشودة: فكل طريقة تسهم في تحقيق هدف معين، فالطريقة المناسبة لتحقيق الأهداف في اكتساب المعارف لا تكون مجدية في تنمية التفكير العلمي وفي اكتساب مهارات عملية يدوية أو في إكسابهم ميولا واتجاهات وقيما.

4-المحتوى العلمي للدرس وطبيعة المادة العلمية: لكل درس محتوى علمي معين يراد تحقيقه ولما كانت المادة متنوعة لذا فانه من الضروري تنويع طرائق التدريس لتتناسب وطبيعة المادة ومحتواها العلمي.

5-النظرة الفلسفية للعملية التعليمية التعلمية: يتعلق اختيار الطريقة بالنظرة الفلسفية للمجتمع.

وعلى العموم، فإن على المعلم الذي يود استخدام استراتيجية فعالة في تدريس طلبته ان يراعي الاعتبارات التالية:

1-التخطيط والترتيب المنظم الهادف: على المعلم أن يقوم بالتحضير والتخطيط المسبق للنشاطات وكيفية استخدامها ومتطلبات تنفيذها.

2-التنوع والتكامل: على المعلم أن ينوع الطرائق في الدرس الواحد وهذا يساعد على إثارة الطلاب وشد انتباههم.

3-الالتزام بالأسس النفسية للتعلم: مراعاة تدرج المعلومات ومدى مناسبتها للتلاميذ وأساليب تقديمها وعرضها ومستوى نضج المتعلمين.

4-الفاعلية والعمل: ويرتبط ذلك باعتماد الطرائق على نشاط المتعلم وفاعليته وقيامه بالعمل نفسه بصورة إفرادية أو زمرية وتفاعله مع الوسائل التعليمية سواء في الصف أم في المختبر أم الميدان وذلك لأن:

- التعلم نشاط يقوم به المتعلم وليس المعلم.

- التعلم كمفهوم يرتبط بالخبرة.

- يجب ان تجيب استراتيجية التدريس المستخدمة عن الاسئلة التالية:

  كيف سأعلم ؟ ماذا سأعلم ؟ متى سأعلم ؟

- يجب ان تشمل استراتيجية التدريس المستخدمة عناصر العملية التعليمية جميعها والعلاقات بينها.

اساليب التدريس

يقصد بالقواعد العامة في التدريس مجموعة من المبادئ والحقائق التي يجب أن يعرفها المعلم ويمارسها في تعليم تلاميذه، وهي مشتقة من الأبحاث التربوية وتجارب علم النفس التي توضح الخصائص العقلية والنمائية للمتعلم، وتؤكد على البنية المنطقية (الترتيب السيكولوجي) للمادة التي يراد تعليمها، وتحدد الممارسات الصحيحة للمعلم كي يكون التعلم فعالا ومحققا للأهداف التي يراد بلوغها في أي مادة دراسية.

ومن المسلم به أن التدريس مهنة تحتاج إلى ما تحتاج إليه المهن الأخرى من استعداد وتعلم، وتتضمن برامج إعداد المعلمين مساقات مختلفة في الثقافة العامة والثقافة التخصصية والثقافة المسلكية التي تتعلق بطرائق توصيل المادة والتعامل مع المتعلمين، والتصرف في المواقف المختلفة.

لذلك لا بد أن يكون المعلم ذو مواصفات خاصة تميزه عن غيره من المعلمين لعظمة الرسالة ولأهمية الجيل الذي يربيه بين يديه، ويطبق أفضل الطرق عند التدريس.

القواعد العامة التي يجب أن يراعيها المعلم عند التدريس:

1- أن تكون الطرق التي يختارها ملائمة للمستويات العقلية للتلاميذ.

2- أن التعلم يكون أبعد أثرا وأعمق إذا توصل التلميذ إليه بنفسه.

3- أن التعلم لا يتأتى إلا عن طريق الفهم، لا عن طريق التلقين والترديد الشكلي.

4- أن يبتعد المعلم في تعامله مع التلاميذ عن القسوة والمحاباة، وأن يكون واسع الصدر.

5- أن يوزع دوره وأدوار التلاميذ في المواقف التعليمية المختلفة.

6- اعلام الطلبة بالنتائج المتوقع تحقيقها.

7- إثارة دافعية الطلبة في المواقف التعليمية المختلفة.

8- تحديد التعلم السابق للطلبة.

9- مراعاة الفروق الفردية بين الطلبة.

10- توظيف الأسئلة بطريقة مناسبة.

11- استعمال أساليب متنوعة للتدريس.

12- الاستعانة بما يلزم من الوسائل التعليمية المناسبة.

13- الحرص على ان يتعلم الطلبة من خلال العمل.

14- تقديم تغذية رجعة ايجابية وبطرقة مناسبة

15- امتلاك القدرة على التعليم من أجل التغيير وليس من أجل حشو الدماغ بالمعلومات.

16- القدرة على تعزيز الوعي بدلا من فرض الرأي.

17- القدرة على بناء علاقة تمتاز بالثقة والمحبة بينه وبين المتعلمين.

18- القدرة على بناء روح الفريق بين المتعلمين أنفسهم.

19- القدرة على بناء جيل قادر على الاعتماد على نفسه بتوجيه وإدارة ذاتية.

ومن الأمور الهامة في التدريس أن ينجح المعلم في توجيه نشاط التلاميذ ويثير الرغبة فيهم في كل موقف تعليمي، وذلك بأن يكون من وراء كل موقف تعليمي يعرض على التلاميذ هدف يسعى المتعلم للوصول إليه، ووجود مثل هذا الغرض يجعله يشعر أن ما يتعلمه شيء ذو قيمة.

القواعد الأساسية التي تبنى عليها طرق التدريس:

التدرج من المعلوم الى المجهول:

فإذا ارتبطت المعلومات الجديدة بالمعلومات القديمة التي يعرفها التلاميذ، فإنها عندئذ تفهم، وفي دروس اللغة العربية نستطيع أن نفيد من هذا المبدأ بأن نبدأ بتدريب التلاميذ في القراءة على الصورة التي يعرفها (صورة الأب والأم) ثم نتدرج في تعريفه على الرمز الدال عليها وهو المجهول.

التدرج من السهل إلى الصعب:

ويقصد بالسهل والصعب ما يراه التلميذ سهلا أو صعبا، لا ما نراه نحن. ومن الأمثلة على هذه القاعدة في اللغة العربية البدء في تعليم التلاميذ المفردات أو الجمل التي تتكون من حروف مقطعة مثل: دار، درس، دور، والتدرج بعد ذلك إلى الكلمات أو الجمل المتصلة مثل: سمير، سعيد، بيت وغيرها.

التدرج من الكل إلى الجزء :

وهذا المبدأ يساير طبيعة الذهن في إدراك الأشياء، فالناظر إلى شجرة يراها كلا متكاملا قبل أن يبدأ في النظر إلى جزيئاتها وهي الساق والفروع والأوراق والثمر. ومن الأمثلة على هذه القاعدة في الدروس العربية قراءة الكلمة أو الجملة ومن ثم تحليلها إلى أجزائها وهي المقاطع والحروف في حالة الكلمة، والمفردات والمقاطع والحروف في حالة الجملة.

التدرج من المحسوس إلى شبه المحسوس فالمجرد:

والطفل يدرك الأشياء من حوله بهذه الطريقة فهو يعرف حيوانات البيئة عن طريق رؤيته لها في البداية، ثم في مرحلة تالية يعرفها عن طريق الصورة وأخيرا يستطيع إدراك الأشياء إدراكا مجردا حين سماعها أو ذكرها.

ومن أمثلة هذه القاعدة في دروس اللغـة العربيـة، عـرض كلمـة كتـاب أو قلم مقرونة برمزها، ثم الانتقال إلى عرض صورة الشيء (الكتـاب أو القلـم) مقرونـة برمزهـا، ثم الوصول بعد ذلـك إلى تـدريب التلميـذ عـلى قـراءة المفـردة أو الجملـة مجـردة مـن الصورة.

ويستدل على نجاح اختيار اسلوب التدريس بـ:

• ارتباط اسلوب التدريس بالعوامل المؤثرة في عملية التدريس.

• التنوع.

• التدرج في المستويات.

• مراعاة الظروف الفردية.

مهارات التدريس:

المهارات لا تولد مع المرء وليست موجودة في الجينـات الوراثيـة وإنمـا تكتسـب بالتعليم والتدريب والخبرة.

مهارات التـدريس: هـي القـدرة عـلى أداء عمـل او نشـاط معـين ذي علاقـة بتخطيط التدريس وتنفيـذه وتقويمـه وهذا العمـل قابـل لتحليـل لمجمـوعة مـن السلوكيات. الاداء المعرفية / الحركية / الاجتماعية. ومن ثم يمكن تقييمه في ضوء معايـير الدقة في القيام به وسرعة انجازه والقدرة على التكيف مع المواقف التدريسية المتغيرة بالاستعانة بأسـلوب الملاحظـة المنظمـة ومـن ثـم يمكـن تحسـينه مـن خـلال البـرامج التدريبية.

انواع مهارات التدريس:

قسمت مهارات التدريس إلى ثلاث مجموعات يختص كل منها باحدى مراحـل عملية التدريس الثلاث:

• التخطيط.

- التنفيذ.

- التقويم.

مهارات التخطيط:

تحليـل المحتـوى، تحليـل خصـائص المتعلمـين، إختيـار صـياغة الأهـداف أي النتاجـات المتوقع مـن الطلبة تحقيقها ، تحديـد إجـراءات و اسـتراتيجيات التعليـم و اسـتخدام اسـتراتيجيات التقـويم الحديثـة وأدواتـه والتحـول الى التقـويم الـواقعي Authentic Assessment.

مهارات التنفيذ:

مهارة تهيئة غرفة الصف، مهارة إدارة اللقاء الاول، مهارة إدارة احـداث ماقبـل الدخول في الدرس، مهارة التهيئـة الحـافزة، مهـارة الشرـح، مهـارة طـرح الاسـئلة، مهـارة تنفيذ العروض العملية، مهارة التدريس الاستقصائي، مهارة استخدام الوسائل التعليميـة، مهارة استثارة الدافعية للـتعلم، مهـارة الاسـتحواذ عـلى الانتبـاه، مهـارة التعزيـز، مهـارة تعزيز العلاقات الشخصية، مهارة ضبط النظام داخل الصف، مهارة تلخيص الدرس.

مهارات التقويم:

التركيز على ما يجري بداخل عقل المتعلم من عمليـات عقليـة تـؤثر في سـلوكه، والاهتمام بعمليـات التفكير ممثـل بلـورة الأحكـام واتخـاذ القـرارات وحـل المشكلات، باعتبارها مهارات عقلية تمكن الإنسـان مـن التعامـل مـع معطيـات عصرـ المعلوماتيـة، وتفجر المعرفة، والتقنية المتسارعة التطور.

ولم يعد التقويم مقصورا على إعداد أسئلة التقويم الشفهية، إعداد الإختبـارات وتصحيحها، تشخيص أخطاء التعلم وعلاجها، رصد الدرجات والعلامات،

بل تعداه لقياس مقومات شخصية الطالب بشتى جوانبها والتي تعتمد على التقويم الواقعي Authentic Assessment والذي

يهدف إلى:

- تطوير المهارات الحياتية الحقيقية

- تنمية المهارات العقلية العيا

- تنمية الأفكار والاستجابات الخلاقة والجديدة

- تنمية مهارات متعددة ضمن مشروع متكامل

- تعزيز قدرة الطالب على التقويم الذاتي

- استخدام استراتيجيات التقويم الحديثة وأدواته لقياس الجوانب المتعددة في شخصية المتعلم.

استراتيجيات التعليم الحديثة

1-إستراتيجية التعليم من خلال التدريس المباشر

تستخدم هذه الاستراتيجية في الحصص المحكمة البناء التي يعدها ويديرها المعلم. وتتحكم هذه الطريقة بمجال الانتباه، خاصة عند وجود قيود زمنية ؛ إذ تقدم المادة التعليمية من خلال طرح الأسئلة والعبارات التي تسمح بالحصول على التغذية الراجعة من الطلبة.

وقبل استخدام هذه الاستراتيجية يجب على المعلم التهيئة للدرس، وفيما يلي شرح مفصل لهذه العملية الرئيسة عند التدريس.

مهارة التهيئة للدرس:

يقصد بالتهيئة: كل مايقوله المعلم او يفعله بقصد اعداد الطلاب للدرس الجديد بحيث يكون الطالب في حالة ذهنية وانفعالية وجسمية قوامها التلقي والقبول.

أغراضها:

تركيز انتبه الطلاب على المادة التعلمية الجديدة كوسيلة لضمان اندماجهم في الانشطة.

تنظيم افكار الدرس والمعلومات التي سوف يتظمنها.

تحقيق الإستمرارية في العملية التعليمية بربط الدرس بالدرس السابق والخبرات السابقة.

انواعها:

التهيئة التوجيهية: يوجه فيها المعلم انتباه الطلاب نحو الموضوع الذي يعتزم تدريسه.

- يستخدم نشاطا او شخص او شيئا او حدث يعـرف سـابقا انـه موضـع اهتمام من قبل الطلاب او لهم خبرة سـابقة فيـه كنقطـة لبـدء توجيـه الانتباه.

- يقدم إيطارا يساعد الطلاب على تصور الانشطة التـي سـوف يتضـمنها الدرس.

- يساعد في توضيح اهداف الدرس.

التهيئة الانتقالية: تستخدم في الاسـاس لتسـهيل الانتقـال التـدريجي مـن المـادة التي سبقت معالجتها إلى المادة الجديدة ويعتمد المعلـم عـادة علـى الأمثلـة والانشطة التي يقاس عليها.

التهيئة التقويمية: ويتم فيها تقويم ما تعلمه الطلاب قبـل الانتقـال إلى انشـطة وخبرات جديدة وتعتمد على الامثلة التي يقدمها الطلاب.

امثلة على الاساليب المتبعة في التهيئة:

1- مراجعة الدرس السابق واثارة الطلاب بالموضوع الجديد

2- كتابة عنوان الدرس على السبورة.

3- طرح الاسئلة التحفيزية.

4- الطرائف.

5- القصص.

6- عرض الاحداث الجارية.

7- ممارسة الانشطة الاستقصائية .

8- تقديم بعض الاقوال المأثورة (أمثلة).

9- إعلام الطلاب بما هو مطلوب منهم ان يتعلموه في الدرس (الاهداف).

10- ربط الدرس السابق بالدرس الحالي.

مهارة الغلق (انهاء الدرس):

الغلق هو تلك الافعال والاقوال التي تصدر عن المعلم والتي يقصد بها ان ينتهي عرض الدرس نهاية مناسبة ويستخدم لمساعدة الطلاب على تنظيم المعلومات في عقولهم وبلورتها مما يتيح لهم استيعاب ماعرض عليهم خلال الـدرس وهو مكمل للتهيئة لأن التهيئة نشاط يبدأ به المعلم والغلق يختم به الدرس.

ومن الأمثلة على طرائق التدريس المباشرة:

—   العمل في الكتاب المدرسي

—   المناقشة والحوار

—   طرح الأسئلة

—   التعزيز

—   استخدام اللوحات

—   مراجعة المعلومات

—   السبورة والطباشير

—   المحاضرة

—   عرض توضيحي

—   ضيف زائر

—   حلقة البحث

—   أوراق عمل

—   التدريبات والتمارين

—   أنشطة القراءة المباشرة

—   البطاقات الخاطفة

2- إستراتيجية التعليم القائم على حل المشكلات والاستقصاء

هو أعلى مستويات التعلم في نموذج "جانييه"الهرمي،ويتطلب هـذا النـوع مـن التعليم قيام الفرد بعمليات داخليه تدعى التفكير. وتعلم حل المشكلات يعني القـدره على استخدام المباديء والقواعد التي تؤدي بالفرد الى الحل المطلوب وعندما يقوم الفرد بحل مشكله ما فانه يكون قد تعلم اكثر. والفرد الـذي يعمـل عـلى حـل مشـكلته لديـه دافع لمواجهة المشكله بحيث يحقق اهدافه ويتعلم الحل وحل المشكلات عبـاره عـن بحث عن بيانات عن مشكله لايتوافر حلها ,وإعادة ترتيبهـا, وتقويمهـا وهـو يسـتلزم استبصارا أي اكتشافا للعلاقات بين الوسائل والغايات اكثر مما تستلزمه اشكال اخرى من التعلم والاختلاف في الدرجة لا في النوع.

خطوات حل المشكلات:

1- الإحساس أو تحديد بالمشكلة.

2- اختيار نموذج.

3- اقتراح حل.

4- الاستقصاء (جمع البيانات وتحليلها).

5- استخلاص النتائج من البيانات.

6- إعادة النظر – التمعن ومراجعة الحل إن تطلب الأمر.

3- إستراتيجية التعليم القائم على العمل الجماعي

التعلم التعاوني

تعريـف الـتعلم الـتعاوني:هـو أسـلوب تعلـم يـتم فيـه تقسـيم التلاميـذ إلى مجموعات صغيرة غير متجانسة (تضم مستويات معرفية مختلفة)، يتراوح عدد أفراد

كل مجموعة ما بين 4 – 6 أفراد، ويتعاون تلاميذ المجموعة الواحدة في تحقيق هدف أو أهداف مشتركة.

وتستخدم هذه الاستراتيجية من خلال التفاعل المتبادل أثناء ممارسة مجموعات صغيرة من المتعلمين لبعض الأنشطة كاللعب الجماعي.

مميزات التعليم التعاوني ؟

1-   خلق بيئة تعليمة فعالة.

2-   استخدام أساليب تعلم مختلفة.

3-   زيادة مسئولية الطالب نحو التعلم.

4-   تعزيز المهارات الاجتماعية.

مراحل التعلم التعاوني:

المرحلة الأولى: مرحلة التعرف. وفيها يتم تفهم المشكلة أو المهمة المطروحة وتحديد معطياتها والمطلوب عمله إزاءها والوقت المخصص للعمل المشترك لحلها.

المرحلة الثانية: مرحلة بلورة معايير العمل الجماعي. ويتم في هذه المرحلة الاتفاق على توزيع الأدوار وكيفية التعاون، وتحديد المسؤوليات الجماعية وكيفية اتخاذ القرار المشترك، وكيفية الاستجابة لآراء أفراد المجموعة والمهارات اللازمة لحل المشكلة المطروحة.

المرحلة الثالثة: الإنتاجية. يتم في هذه المرحلة الانخراط في العمل من قبل أفراد المجموعة والتعاون في إنجاز المطلوب بحسب الأسس والمعايير المتفق عليها.

المرحلة الرابعة: الإنهاء. يتم في هذه المرحلة كتابة التقرير إن كانت المهمة تتطلب ذلك، أو التوقف عن العمل وعرض ما توصلت إليه المجموعة في جلسة الحوار العام.

ومن أمثلة هذه الاستراتيجية:

- المناقشة

- المقابلة

- تدريب الزميل

- الشبكة

- التعلم الجماعي – التعاون

- الطاولة المستديرة (round robin)

4- إستراتيجية التعليم القائم على التعلم من خلال النشاطات

انواع النشاط:

الطلبات التي يوجهها المعلم إلى المتعلمين في الموقف الصفي، وجملة المؤثرات التي يهيئها لتجر ايجابات معينة، وقد تكون الاستجابات في صورة مشاركات لفظية او مهارات حركية كتابية.

ويستدل على نجاح انواع النشاط المقدمة من خلال مايأتي:

(أ) إثارة دافعية المتعلم للتعلم: الدافعية، الحاله الداخلية، الجسمانية او النفسانية التي تثير السلوك في ظروف معينة وتوصله إلى غايته النهائية والدافع كامن واستثارته تجعل المتعلم يمارس نوع من النشاط والمتعلمون يختلفون في الدوافع، فمنهم من يتحرك بدوافع الاستكشاف وحب المغامرة، ومنهم من يتحرك بدافع في التحصيل والنجاح، ومنهم من يتحرك بدافع اثبات الذات.

(ب) تنوع النشاط: ومن الأمثلة على ذلك:

- المناظرة

- الزيارات الميدانية

- الألعاب
- المناقشة ضمن فريق
- التدريب
- الرواية
- التعلم من خلال المشاريع
- الدراسة المسحية
- التدوير

وتشجع إستراتيجية التعليم القائم على التعلم من خلال النشاطات الطلبة علـى العمل وتوفير فرص حياتية حقيقية لهم للمساهمة في تعلم موجه ذاتيا.

ومن انواع النشاط:

1- النشاط العلاجي:

هو عمل ينفذه الطلبة الذين يواجهـون صعوبات في التعلم، ومـن شـأن هذا العمل الإسهام في معالجة وتذليل هذه الصعوبات، ويأخذ شكل إعـادة تـدريس بصورة أكثر ملاءمة لهذه الفئة، من الطلبة، مـع ضرورة أن تنفذ مثل هـذه الأنشطة بـإشراف المعلم وتوجيهه.

2- النشاط التعزيزي:

عمل ينفذه الطلبة الذين أنجزوا المادة الدراسية بصورة عادية، ومن شأن هـذه الأنشطة، أن تدعم تعلمهم، وتوصلهم إلى تعميق المادة وإتقانها.

3- النشاط الإثرائي:

عمل ينفذه الطلبة الذين أتقنوا مـادة الكتـاب، وتسـمح قـدراتهم وإمكانـاتهم بإيصالهم إلى مستويات أداء فائقة تصل إلى الابتكار والإبداع أحيانا.

4- النشاط الاستهلالي:

هو عمل ينفذه الطلبة للوصول إلى حالة ذهنية تمكنهم من تلقي التعلم الجديد، وقد يكون النشاط متعلقا بتعلم سابق يمهد للتعلم الجديد، أو نشاطا استكشافيا يقود إلى التعلم الجديد.

5- النشاط الأساسي:

هو عمل ينفذه جميع الطلبة، بهدف بناء المعرفة العلمية الأساسية في المادة الدراسية.

5- إستراتيجية التعليم القائم على التعلم التشاركي (النشط)

التعريف

التعلم التشاركي: هو أسلوب من أساليب التعلم التي تقوم على مشاركة المتعلم بفاعلية في العملية التعليمية.

وبمعنى آخر هو الذي يقوم على تشارك كل من المعلم والطالب بأداء العملية التربوية وتحقيق مخرجاتها.

أي أنه لا يعتمد بشكل وحيد على المعلم كمصدر أول وأخير للمعلومة، ولا يعتمد على فئة قليلة من الطلاب يكون لها الفاعلية والنشاط داخل الحلقة أو غرفة الصف دون غيرهم، بل يعتمد على تفعيل جميع الطلبة بجميع قدراتهم العقلية والدراسية.

لذلك نجد كثيرا من المربين والمدربين يسمونه (التعلم النشط).

وهناك مبدءان رئيسيان يقوم عليهما التعلم التشاركي هما:

- لا يوجد شخص يعلم كل شيء عن أي شيء.

- كل منا لديه ما يعطيه وما يقدمه.

لماذا التعلم التشاركي:

بمعنى آخر ما أهمية التعلم التشاركي في العملية التعليمية ؟

فنقول لا بد من التعلم التشاركي:

1- ليكون التعليم سن أجل التغيير وتطوير الوعي.

2- لجعل التعليم أكثر واقعية وجاذبية وقبولا وفائدة.

3- لاكتشاف مهارات وإمكانيات الطلبة.

4- التحفيز بشكل أكبر وأكثر فاعلية وشمولية.

5- البعد عن أسلوب التلقين التقليدي الذي يعزز فرض الرأي ويعتمد تخزين المعلومات من دون تفاعل أو مشاركة.

ثم إن الدراسات التربوية الحديثة أثبتت أن هناك سبع ممارسات في العلمية التعليمية إذا تم استخدامها تكون هذه العملية سليمة ذات فاعلية وأثر كبيرين، وهذه الممارسات هي:

1. الممارسات التدريسية السليمة هي التي تشجع التفاعل بين المعلم و المتعلمين.
2. الممارسات التدريسية السليمة هي التي تشجع التعاون بين المتعلمين أنفسهم.
3. الممارسات التدريسية السليمة هي التي تقدم تغذية راجعة سريعة.
4. الممارسات التدريسية السليمة هي التي تشجع التعلم النشط والفعال.
5. الممارسات التدريسية السليمة هي التي توفر وقتا كافيا للتعلم.
6. الممارسات التدريسية السليمة هي التي تضع توقعات عالية لنتائج العملية التربوية ولمستويات الطلبة (توقع أكثر تجد تجاوبا أكثر).

7. الممارسات التدريسية السليمة هي التي تتفهم أن الذكاء أنواع عدة و أن للمتعلمين أساليب تعلم مختلفة.

وهذه الممارسات جميعها يمكن تحقيقها والقيام بها من خلال التعلم التشاركي.

مميزات التعلم التشاركي:

هناك مميزات كثيرة تعطي لهذا الأسلوب من أساليب التعلم أهمية كبيرة، من هذه المميزات:

1-يشترك الطالب فيه بشكل فعال ويتفاعل مع الآخرين.

2-يكون الطالب نشيطا مثيرا للأسئلة مستكشفا باحثا عن إجابات، ويعمل ويتأمل ويتفاعل، يعلل ويفكر ويستنتج وصولا للعرفة.

3-يكون المعلم في هذا النوع من التعلم مرسلا ومستقبلا وليس مرسلا فقط.

4-القدرة على تهيئة الجو الآمن والممتع والمثير للمعلم والطالب.

5-يعزز ثقة كل من المعلم والطالب بنفسه وبقدراته.

6-ينمي روح الفريق بين أفراد الحلقة أو الغرفة الصفية.

7-يقوم على اساس التشارك في العملية التعليمية بين المتعلمين والمعلمين والذي يقوم أيضا على أساس أن تكون الاجواء داخل العلمية التعليمية أجواء نشطة بعيدة عن الملل والجمود.

6- إستراتيجية التعليم عن طريق الكفايات

يعرف لو بترف (Le boeterf G) الكفاية بكونها القدرة على التحويل، فالكفاية لا يمكن أن تقتصر على تنفيذ مهمة وحيدة ومتكررة بالنسبة للمعتاد، إنها تفترض القدرة على التعلم والتوافق؛ كما أنها تلاؤم لحل قسم من المشاكل أو لمواجهة

فئة من الوضعيات وليس فقط لمواجهة مشكل معين ووضعية بعينها، الكفاءة هي" القدرة على تكييف التصرف مع الوضعية ومواجهة الصعوبات غير المنتظرة؛ وكذلك قدرة الحفاظ على الموارد الذاتية للاستفادة منها أكثر ما يمكن، دون هدر للمجهود، إنها القدرة والاستعداد التلقائي بخلاف ما يقابل ذلك من تكرار النسبة للآخرين.

أنواع الكفايات :

1- الكفايات النوعية والكفايات (الخاصة)

2- الكفايات العامة (المستعرضة، الممتدة)

الكفايات النوعية ترتبط فقط بمادة دراسية معينة أو مجال تربوي أو مهني معين، ولهذا فهي أقل شمولية وفسحة من الكفايات المستعرضة، وقد تكون وسيلة توسلية نحو تحقيق الكفايات الممتدة.

أما الكفايات المستعرضة (الممتدة) ويقصد بها العامة لا ترتبط بمجال ضيق محدد أو مادة دراسية معينة، وإنما يتسع توظيفها في مجالات واسعة متعددة المناحي والنواحي أو مواد دراسية مختلفة، ولهذه الأغراض والدواعي، فإن هذا النوع من الكفايات يتسم بغزارة المضامين وبغنى مكوناته الأساسية المتصلة فيما بينها غير مفككة ومنفصلة .

التدريس بالكفايات، اختيار استراتيجي، يجعل من الإنسان عنصرا فاعلا وفعالا، تساهم في تكوين القدرات والمهارات، ولا يبقى منحصرا في مجال ضيق وإطار محدود مقيد بأغلال تكبل طاقات الإنسان وتحد من خياله الخصب وفكره الخلاق، وتفسح المجال المدرسي الواسع وتجعله يشجع على التعلم الذاتي.

7-إستراتيجية التعليم القائم على التفكير الناقد

1—**التفكير الناقد** هو " تفكير تأملي معقول يركز على ما يعتقد به الفرد أو يقوم بأدائه" ، وهو فحص وتقويم الحلول المعروضة من أجل إصدار حكم حـول قيمة الشيء.

ويتضمن التفكير الناقد القابليات والقدرات الآتية:

أ ـ القابليات، تعني أن:

1ـ يبحث عن صيغة واضحة لموضوع السؤال.

2ـ يبحث عن الأسباب.

3ـ تصل إليه المعلومات الضرورية.

4ـ يستخدم مصادر هامة ويذكرها.

5ـ يحاول أن يكون ملتصقا بالنقطة الرئيسية.

6ـ يأخذ بعين الاعتبار الموقف بكامله.

7ـ يحتفظ في ذهنه بالقضية الأساسية.

8ـ يبحث عن بدائل.

9ـ يحاول أن يكون متفتح الذهن على النحو التالي:

أ ـ يهتم بوجهات النظر الأخرى غير وجهة نظره (تفكير حواري).

ب ـ يتجنب إصدار الحكم عندما تكون الأدلة والأسباب غير كافية.

10ـ يأخذ موقفا (ويغير الموقف) عندما تكون الأدلة والأسباب كافية لعمـل ذلك.

11ـ يبحث عن الدقة عندما يسمح الموضوع بذلك.

12ـ يسير بطريقة منتظمة في معالجة الأجزاء ضمن المشكلة المعقدة ككل.

13ـ حساس تجاه مشاعر، ومستوى المعرفة، ودرجة حكمة الآخرين.

14ـ يستخدم قدرات التفكير النقدي.

ب ـ القدرات:

توضيح ابتدائي للآتي:

1ـ التركيز على السؤال:

أ ـ تحديد وصياغة السؤال.

ب ـ تحديد وصياغة المعيار للحكم على الأسئلة المحتملة.

ج ـ الاحتفاظ بالموقف في الذهن.

2ـ تحليل المناقشة في الموضوع:

أ ـ تحديد الاستنتاجات.

ب ـ تحديد الأسباب المصوغة.

ج ـ تحديد الأسباب غير المصوغة.

د ـ ملاحظة الفروق والتشابهات.

هـ ـ تحديد ومعالجة المواضيع غير المرتبطة.

و ـ ملاحظة ورؤية بناء المناقشة.

ز ـ التلخيص.

3ـ طرح السؤال والإجابة عنه لتوضيحه، أو تحديه مثل:

أ ـ لماذا ؟

ب ـ ما الفكرة الأساسية ؟

ج ـ ما الذي تقصده بـ ؟

د ـ ما الذي لن يمثله ؟

هـ ـ كيف يمكن تطبيق ذلك في هذه الحالة ؟

و ـ ما الفروق التي أحدثها ؟

ز ـ ما هي الحقائق ؟

ح ـ أ هذا الذي تقوله:......... ؟

ط ـ هل يمكن أن تتحدث عن ذلك أكثر ؟

وقد تعددت تعاريف التفكير الناقد، إذ يعرف بأنه " عملية استخدام قواعد الاستدلال المنطقي وتجنب الأخطاء الشائعة في الحكم ".

وعرفه باحث بأنه التفكير " الذي يعتمد على التحليل والفرز والاختيار والاختبار لما لدى الفرد من معلومات بهدف التمييز بين الأفكار السليمة والخاطئة ".

ويفترض أحد العلماء أن التفكير يتضمن ثلاثة جوانب، هي:

أ ـ الحاجة إلى أدلة وشواهد تدعم الآراء والنتائج قبل الحكم عليها.

ب ـ تحديد أساليب البحث المنطقي التي تسهم في تحديد قيم، ووزن الأنواع المختلفة من الأدلة.

ج ـ مهارة استخدام كل الاتجاهات والمهارات السابقة.

الصفات العملية الإجرائية للتفكير الناقد هي:

1ـ معرفة الافتراضات.

2ـ التفسير.

3ـ تقويم المناقشات.

4ـ الاستنباط.

5ـ الاستنتاج.

يأتي التفكير الناقد في قمة هرم بلوم، وهو أرقى أنواع التفكير، ويكون من وجهة نظر بلوم القدرة على عملية إصدار حكم وفق معايير محددة.

ويمكن تحديد الخطوات التي يمكن أن يسير بها المتعلم لكي تحقق لديه مهارات التفكير الناقد على النحو التالي:

1ـ جمع سلسة من الدراسات والأبحاث والمعلومات والوقائع المتصلة بموضوع الدراسة.

2ـ استعراض الآراء المختلفة المتصلة بالموضوع.

3ـ مناقشة الآراء المختلفة لتحديد الصحيح منها وغير الصحيح.

4ـ تمييز نواحي القوة ونواحي الضعف في الآراء المتعارضة.

5ـ تقييم الآراء بطريقة موضوعية بعيدة عن التحيز والذاتية.

6ـ البرهنة وتقديم الحجة على صحة الرأي الذي تتم الموافقة عليه.

7ـ الرجوع إلى مزيد من المعلومات إذا ما استدعى البرهان والحجة ذلك.

ويتطلب هذا النوع من التفكير القدرات التالية:

ـ الدقة في ملاحظة الوقائع والأحداث.

ـ تقييم موضوعي للموضوعات والقضايا.

ـ توافر الموضوعية لدى الفرد والبعد عن العوامل الشخصية.

ـ وحتى يمكن تنمية هذا النوع من التفكير، فإن ذلك يتطلب مراعاة عدد من العوامل المتصلة، وهي:

1ـ النقد العلمي، وعدم الانقياد للآراء الشائعة التي يتناقله الناس.

2ـ البعد عن النظر إلى الأمور من وجهة النظر الخاصة والتعصب لها.

3ـ البعد عن أخذ وجهات النظر المتطرفة.

4ـ عدم القفز إلى النتائج.

5ـ التمسك بالمعاني الموضوعية، وعدم الانقياد لمعان عاطفية.

مهارات التفكير الناقد:

1–القدرة على تحديد المشكلات والمسائل المركزية.

2–تمييز أوجه الشبه وأوجه الاختلاف.

3–تحديد المعلومات المتعلقة بالموضوع.

4–صياغة الأسئلة التي تسهم في فهم أعمق للمشكلة.

5–القدرة على تقديم معيار للحكم على نوعية الملاحظات والاستنتاجات.

6–القدرة على تحديد ما إذا كانت العبارات أو الرموز الموجودة مرتبطة معا ومع السياق العام.

7–القدرة على تحديد القضايا البديهية والأفكار التي لم تظهر بصراحة في البرهان والدليل.

8–تمييز الصيغ المتكررة.

9–القدرة على تحديد موثوقية المصادر.

10–تمييز الاتجاهات والتصورات المختلفة لوضع معين.

11–تحديد قدرة البيانات وكفايتها ونوعيتها في معالجة الموضوع.

12–التنبؤ بالنتائج الممكنة أو المحتملة، من حدث أو مجموعة من الأحداث.

الخطوات التمهيدية للتفكير الناقد:

- قراءة النص واستيعابه وتمثله.
- تحديد الأفكار الأساسية.
- تحديد المفاهيم المفتاحية.
- صياغة محتوى النص ومضمونه في جملة خبرية.
- إبقاء الجملة الخبرية على شاشة الذهن (أنا أفكر بـ...).
- اعتبار مجموعة الأفكار المتضمنة في النص.
- تنظيم المعلومات بطريقة متسلسلة ومنطقية.
- تقويم المعلومات المنظمة والمتسلسلة المنطقية.

أولا: الإجراءات التمهيدية للتفكير الناقد:

إن تدريب الطلبة على ممارسة التفكير الناقد في الخبرات التي يواجهونها سواء كانت تعلمية تعليمية أو حياتية، تستدعي أن يدرب الطلبة على ممارسة مهارات بسيطة تمهيدية حتى يتحقق لديهم الاستعداد لممارسة التفكير الناقد أو التدرب عليه.

ويتم تعلم الطلبة مهارات التفكير الناقد وفق المواد الدراسية الصفية التي يتفاعل معها الطلبة وفق منهاج مقرر.

إن تدريب الطلبة على ممارسة التفكير الناقد وفق وسط محدد ومنظم ومسلسل له عدد من المزايا:

1- يزيد من استعداد الطلبة على ممارسة التفكير الناقد.
2- يزيد من فاعلية أدوار المعلمين في الموقف الصفي.
3- يتيح أمام المعلم الفرصة لممارسة دور أكثر فاعلية وأكثر أهمية من دور العارف والخبير.

4- يزيد من إقبال الطلبة على التعلم الصفي والمواقف والخبرات الصفية المختلفة.

5- يحبب الطلبة بالجو الصفي الذي سيسوده جو من الأمن والديمقراطية والتسامح والتقبل.

6- يزيد من حيوية الطلبة في تنظيم الخبرات التي يواجهونها، ويتيح أمامهم فرص اختبارها والتفاعل بطريقة آمنة تحت إشراف المعلم وتوجيهه.

7- يدرب الطلبة على ممارسة مواقف قيمة يمكن نقلها إلى مواقف الحياة المختلفة.

8- يسهم في إعداد الطلبة للحياة، ويتيح أمامهم فرصة ممارسة الحياة بأقل قدر من الأخطاء.

ويمكن تنفيذ الإجراءات التمهيدية وفق المخطط الآتي:

بعد تدريب الطالب على إنجاز الخطوات الممهدة لممارسة التفكير الناقد يمكن إعداد خطة منظمة للتدريب على التفكير الناقد، وقد كان مبرر ذلك أن مهارة التفكير الناقد تتطلب جهدا ذهنيا فاعلا، بالإضافة إلى توفر بنية معرفية لذلك، ويمكن تحديد الخطوات كالآتي:

1- صياغة الفكرة التي طورها المتعلم بعد مروره في الخطوات التمهيدية.

2- ملاحظة العناصر المختلفة المتضمنة في النص.

3- تحديد العناصر اللازمة وغير اللازمة وفق معايير مصاغة.

4- طرح أسئلة تحاكم العناصر اللازمة.

5- ربط العناصر بروابط وعلاقات.

6- وضع الأفكار المتضمنة على صورة تعميمات في جمل خبرية.

7- وضع الأفكار في وحدات.

ثانيا: الإجراءات التدريبية على مهارة التفكير الناقد:

حتى تتحقق لدى المعلم قدرة ممارسة التفكير الناقد فإنه ينبغي أن تحقق لديه القدرات التي تم التدرب عليها في الخطوات التمهيدية باستخدام نص محدد.

وحتى تتوافر الاستعدادات لممارسة التفكير الناقد لدى الطلبة فلا بد من تهيئة الظروف التدريبية والخبرات المناسبة التي تجعلهم يتفاعلون معها مرات متعددة لتطوير المهارات اللازمة للتفكير الناقد.

لذلك يتوقع من المعلم كمدرب، وكخبير في تدريب الطلبة على ممارسة مهارة التفكير الناقد أن تكون لديه مهارات التدريب، وأن يكون كفيا في تحقيقها، وأن يكون قادرا على ممارسة مهارات التفكير أمام طلبته، وعكس نماذج تفكيرية ناقدة واضحة، يستطيع الطلبة بمشاهدتها تمثل الفكرة المتضمنة في المهارة التي يراد نمذجتها.

وإلى جانب ما سبق ينبغي على المعلم أن يتمتع بالسلوكيات التالية:

1- يستمع للطلبة وتقبل أفكارهم.

2- لا يحتكر وقت الحصة.

3- يحترم التنوع والاختلاف في مستويات تفكير الطلبة.

4- لا يصدر أحكاما ذاتية.

5- يطرح أسئلة مفتوحة تحتمل أكثر من إجابة.

6- ينتظر قليلا بعد توجيه السؤال.

7- ينادي الطلبة بأسمائهم.

8- لا يعيب الطلبة، ولا يعلق عليهم بألفاظ محبطة للتفكير.

9- يستخدم العبارات والأسئلة الحاثة على التفكير.

10- يهيئ فرصا للطلبة كي يفكروا بصوت عال لشرح أفكارهم.

ويعد استخدام التحليل والتقييم ومراجعة الذات تفكيرا ناقدا. ويتطلب هـذا التفكير إبداعا واستقلالية ويشتمل على:

- المعرفة العلمية والتي تستند على عمليتين متكاملتين متاكستين:

الاستنباط : وتعني الانتقال من العام الى الجزيئات أو الوقائع الملموسة

الاستقراء : وهي حركة عقلية تنتقل من الوقائع الجزيئية الملموسة الى تكـوين قوانين ونظريات وتعميمات.

والمعرفة العلمية تقسم الى نوعين:

1) الحسية او المادية او الملموسة ومثال عليها الحقائق العلمية

2) غير الحسية او المجردة وتشمل عالم النظريات وهي :

- المفاهيم

- التعميمات

- القوانين

- النظريات

- الفروض

حيث يراجع الطلبة طرائق تفكيرهم مـن مهارات مـا وراء المعرفـة ويراقبـون تعلمهم ويراجعون أنفسهم.

- منظمات بصرية: حيث يبتكر الطلبة صورا لتفكيرهم، كالخرائط المفاهيمية والشبكات والرسوم البيانية والخرائط والجداول البيانية.

- التحليل: يحلل الطلبة وسائل الإعلام والإحصائيات وأمورا أخرى، مثل التحيز والنمطية.

القرآن والسنة النبوية أروع الأمثلة في تنوع الأساليب، كثيرة هي النصوص القرآنية التي ترشدنا الى تنوع الأساليب ويطول المقام عن ذكرها ولكن جولة سريعة في قصص القرآن الكريم وحواراته ودلالته على آيات التفكر كافية بأن تعطينا انطباعا حول هذا الموضوع. ولنا في رسول الله صلى الله عليه وسلم أسوة حسنة حيث تزخر السنة النبوية بالعديد من الأحاديث الدالة على استخدامه صلى الله عليه وسلم لتنوع الأساليب بغض النظر عن التسمية والمصطلح، ومن هذه الأمثلة:

1- الحديث المتفق عليه الذي رواه عمر رضي الله عنه والذي فيه بينما نحن جلوس عند رسول الله صلى الله عليه وسلم إذ طلع علينا رجل... والحديث معروف ومشهور ومن عمدة أحادي كتاب الأربعين النووية، و فيه أكثر من أسلوب من الأساليب التي ذكرناها، ففيه الحوار، وفيه لعب الأدوار، وفيه الأسئلة والمناقشة وفيه التمثيل.

2- روى البخاري عن ابن عمر رضي الله عنه قوله: قال رسول الله صلى الله عليه وسلم: (إن من الشجر شجرة لا يسقط ورقها، وإنها مثل المسلم، فحدثوني ما هي؟ فوقع الناس في شجر البوادي. قال عبد الله: ووقع في نفسي أنها النخلة فاستحييت، فقالوا: حدثنا ما هي: قال هي النخلة). لاحظوا أسلوب ضرب الأمثال وأسلوب العصف الذهني وكيف استجاب الصحابة له في قوله (فوقعوا في شجر البوادي أي أنهم بدؤوا يتحرزون).

3- روى مسلم عن ابن مسعود رضي الله عنه قال: (خط رسول الله صلى الله عليه وسلم خطا مربعا، وخط خطا في الوسط خارجا منه، وخط خططا صغارا إلى هذا الذي في الوسط من جانبه الذي في الوسط، فقال: هذا الإنسان وهذا أجله محيط به -أو قد أحاط به -). ولا يخفى على ناظر

كيف استخدم النبي صلى الله عليه وسلم أسلوب الرسم وكيف استفاد منه .

4- قصة الثلاثة الذين خلفوا في الغار والتي رواها البخاري ودلالتها على استخدام أسلوب القصة.

استراتيجيات إدارة الصف

- مهارة تهيئة غرفة الصف:

السلوكيات المرغوبة لتمكن من هذه المهارة:

- ضبط الإضاءة داخل غرفة الصف.

- التحكم في تهوية غرفة الصف.

- تعديل درجة الحرارة.

- الحد من درجة الضوضاء إن أمكن.

- تعديل الصوت.

- ان يعدل المعلم من مكان وقوفه بحيث يراه الجميع.

- أن تعدل من وضع السبورة او شاشة العرض إن وجد.

- تنظيم الكراسي والطاولات.

- تنظيم جلوس الطلاب بشكل يسمح بسهولة مروره بينهم.

- توفي الوسائل الخاصة بالدرس إن أمكن.

- العمل على تنظيف غرفة الصف والعناية بها.

قبل اسبوع على الاقل من إلتقاء المعلم بطلبته:

تعد مخطط للمقرر وتنسخ نسخ بعدد الطلاب.

تأخذ الوقت كاملا في أول درس.

تحصل على قائمة بأسماء الطلاب.

تسعى لتكون فكرة مسبقة عن خصائص طلبة الفصل (البيئة، المستوى التعليمي، الإجتماعي).

قبل بدأ اللقاء:

تذهب إلى الصف مبكرا.

ترتب جلوس الطلاب.

تسلم بحراره.

تسير بينهم وتحاول أن تسمع ما يدور بينهم حول المادة.

تبادل الحديث الودي.

اثناء اللقاء:

تقف مبتسم امام الجميع.

تبدأ بالعبارات الافتتاحية التي تتظمن (بسم الله، الحمد لله والصلاة والسلام على رسول الله والدعوات).

التعريف بالنفس.

توزيع المخطط، والحديث عن المادة.

التعرف على اسماء الطلاب.

توزيع المهام الصفية.

تنهي اللقاء الاول بعبارات تحمل الامنيات موصي طلابك بتقوى الله وطاعته والحرص على الاجتهاد.

مهارة إدارة احداث ماقبل الدخول في الدرس الجديد:

يقصد بها مجموعة من السلوكيات التي يباشرها المعلم بدقة وبسرعة قبل بدء تعلم الدرس الجديد ويتم قبيل الدقائق الاولى واثنائها من الحصة.

امثلة سلبية:

معلم آخر لحظة: وهو الذي يترك الشرح لآخر لحظة فيتسارع بالعبارات وعـدم الاتقان في شرح الدرس.

المعلم المعجول: وهو الذي يسـرع في الشرح وينهي الشرح قبـل انتهاء الحصـة بوقت طويل مما يساعد في الضوضاء داخل الفصل ودخول الملل إلى نفوس المتعلمين.

المعلم المتجاهل: وهو الذي يتجاهل نقاش الطلبة لـه وابداء رأيهم او اهمال بعض النقاط لتوصيل المعلومة بالشكل الصحيح.

امثلة ايجابية:

المعلم الذي يلتزم السلوكيات التالية:

يذهب مبكرا بـ 5 دقائق ويدخل مبتسما ويلقي السلام.

عندما يدق جرس بدء الحصة يقوم بما يلي:

- تهيئة الطلاب للدرس

- يبدأ الدرس دون تأخر.

- يقف مبتسما بحيث يراه الجميع.

- يعطي الطلاب فسحة بسيطة من الوقت لينتهي كل منهم مما يشغله.

- ينظر إلى الطلاب بحيث يشعر كل طالب بأنه يراه ويطلب منهم الانتباه.

- إذا لم يلجأ الطالب إلى الانتباه يلجأ إلى احد الاساليب التالية:

- تنبه الطالب مصدر الصوت بالكف عـن ذالك باستخدام لغـة الإشارة الخاصة بذلك. مثل النظرة الحادة، تقطيب الجبين، الدق على الطاولة.

- يقترب من مصدر الصوت ويطلب منهم التوقف.

- نقل الطلاب مصدر الشغب مـن أمـاكنهم ليكونـوا تحـت نظـره.إنـذارهم بخصم الدرجة او الطرد من الصف.

- عندما يهدأ الجميع يبدأ بالبسملة والصلاة على الرسول (صلى اللـه عليه وسلم).

- يجيب عن الاستفسارات.

- يتولى إخبار الطلاب بأي تعليمات جديده.

- المتابعة والاستفسار -الحضور والغياب.

- مراجعة الدرس السابق.

● عناصر إدارة الصف:

1- التخطيط الجيد للتعليم.

2- اتباع قواعد عملية في التعامل مع الطلبة.

3- مراقبة البيئة الصفية.

4- الاحتفاظ بسجلات وظيفية.

قواعد عديدة يجب اتباعها لضبط الصف وادارته ومنها:

1-التعرف على الطلبة من خلال ملاحظتهم ومراجعة بطاقاتهم التراكمية.

2-عدم استخدام السـخرية والاسـتهزاء مـع الطالب المسيء مهـما كانـت درجـة الانزعاج من سلوكه، فالسخرية منه وخاصة أمام الطلبـة الآخـرين تدفعـه الى المزيد من الاساءة.

3-استخدام الطرفة والدعابـة بحـدود مـع القصص والفكاهـة يمكـن ان تثبـت المعلومة في ذهن الطالب ولكن دون ان يكون احد الطلبة هو رمـز الفكاهـة والدعابة.

4- لا تستخدم اسلوب التسلط ولغة الاوامر والتعليمات في نبرة صوتك اوشكلك، ولا تهدد بالعقاب لمن يخالف.

5- التعاطف مع الطلبة مع عدم التسرع باتخاذ العقاب قبل ان تفكر في مساعدتهم على تجنب الخطأ.

6- الصبر مع طول البال اثناء تدريس الطلبة فالطلبة ليسوا بنفس المستوى فلذلك لا يستطيعون ان يستوعبوا بنفس الدرجة والسرعة.

7- تجنب تأنيب الصف كله كجماعة فنادرا ما يكون الصف يستاهل التأنيب، وهناك طلبة فيه لا يستحقون التوبيخ والتأنيب.

8- الغاء ال أنا واحلال ال نحن بدلا منها وذلك من خلال ترسيخ مفهوم العمل الجماعي وأن الطلاب والمعلم شركاء في عملية التعليم.

9- تجنب واحذر العلاقات القوية مع الطلبة، فأنت صديقهم الكبير ومرشدهم فهذا هو الصح أما ان تتجاوز العلاقة ذلك فهذا مرفوض ويجب ان يكون هناك خط فاصل ما بين المعلم والطالب فأنت لست واحدا منهم ولا بد من ابقاء هذا الخط حفاظا على اهميتك ومكانتك وعدم التقليل من شأنك.

10- لا تنفعل داخل الصف و لا تفقد اعصابك داخل الصف لأنها اولى الخطوات نحو فقدان السيطرة على الصف.

11- لا تجعل قواعد النظام أو الانضباط وقوانينه كثيرة، ولا تضع قاعدة أو قانون لا تستطيع تطبيقها أو غير واقعية أو موضوعية ولا تهدد الطلبة بشيء لا تستطيع تنفيذه.

12- اذا اضطررت لتوجيه انذار فوجهه بسرعة دون ان يؤثر ذلك على سير الحصة ويفضل ان يكون الانذار غير لفظي أي بحركة او ايماءة مثلا.

13- احذر من اطلاق الالقاب على طلابك وخاصة المسيئين منهم أو المشاغبين حتى لا تصبح هذه الالقاب نكتة او معيار لهؤلاء الطلاب من خلال زملائهم في المدرسة.

14-استعد لمواجهة أي موقف مثل تبادل الحديث اثناء الدرس و الاستئذان لمغادرة الصف لغرض ما و الضحك والشجار والسرحان وعدم الاستجابة وأعد خطة للتعامل مع كل سلوك.

15-توزيع الأسئلة على جميع الطلبة مع مراعاة الفروق الفردية عند طرح الأسئلة وتجنب احتكار الأسئلة لفئة محددة من الطلبة.

16-لا تحدد الطالب الذي سوف يجيب عن السؤال قبل طرحه، بل اعطي فرصة للطلبة ليفكروا ومن ثم اختار الطالب الذي يبدي استعدادا للإجابة على السؤال.

17-غير أماكن جلوس الطلبة باستمرار حتى لا يشعر الطلاب بالملل أو الضجر وليتعرف على جميع طلبة صفه.

18-تجنب الجلوس الكثير، وتجنب الحركة الكثير ما بين المقاعد، ولا تعتمد نبرة واحدة في صوتك، فلغة الجسم مهمة مثلها مثل نبرة الصوت في تنظيم التعليم.

19-كن مرنا وغير طريقتك في التدريس حسب الظروف فالتنويع يجدد النشاط ويسهم في تحقيق الانضباط والنظام الصفي.

الفرق بين عمليتي التعليم والتعلم ؟

التعليم: عملية يقوم بها المعلم وتتعلق بالمبادئ الإجرائية التعليمية

التعلم: عملية يقوم بها الطالب وتتعلق بالمبادئ النظرية المتصلة، ويحدث نتيجة قراءة مادة مطبوعة او مشاهدة صورة او برنامج تلفزيوني او أي نشاط يقوم به الطالب

الدور القديم والدور الحديث للمعلم ؟

الدور القديم: يركز على دور نشط للمعلم وتغفل دور الطالب كعنصر فاعل في عملية التعلم، أي نقل المعرفة الى الطلبة.

الدور الحديث: تطبيق استراتيجيات حديثة للتدريس، و تيسير عملية التعلم، و توجيه وإرشاد – بحث وتعلم ؛ لأن الطالب هو المحور الرئيس لعملية التعلم.

أساليب التدريس وأنماط التعلم:

كما تتنوع إستراتيجيات التدريس وطرق التدريس تتنوع أيضا أساليب التدريس، ولكن ينبغي أن نؤكد أن أساليب التدريس ليست محكمة الخطوات، كما أنها لا تسير وفقا لشروط أو معايير محددة، فأسلوب التدريس كما سبق أن بينا يرتبط بصورة أساسية بشخصية المعلم وسماته وخصائصه، ومع تسليمنا بأنه لا يوجد أسلوب محدد يمكن تفضيله عما سواه من الأساليب، على اعتبار أن مسألة تفضيل أسلوب تدريسي عن غيره تظل مرهونة، بالمعلم نفسه وبما يفضله هو، إلا أننا نجد أن معظم الدراسات والأبحاث التي تناولت موضوع أساليب التدريس قد ربطت بن هذه الأساليب وأثرها على التحصيل، وذلك من زاوية أن أسلوب التدريس لا يمكن الحكم عليه إلا من خلال الأثر الذي يظهر على التحصيل لدى التلاميذ.

أساليب التعلم: وهي سلوكيات معرفية أو انفعالية أو فسيولوجية يتصف بها المتعلمون وتعمل كمؤشرات ثابتة نسبيا للكيفية التي يدرك بها هؤلاء المتعلمون بيئتهم التعليمية ويتعاملون معها ويستجيبون لها. وهي أيضا الطرق والفنيات والإجراءات التي يتبعها المتعلم ذاتيا لاكتساب خبرات جديده.

ويشمل أسلوب التعلم أربعة جوانب في المتعلم هي:

− أسلوبه المعرفي.

− أنماط اتجاهاته واهتماماته.

− ميله إلى البحث عن مواقف التعلم المطابقة لأنماط تعلمه.

− ميله إلى استخدام استراتيجيات تعلم محدده دون غيرها.

وأساليب التعلم متشعبة كثيرة الأبعاد فهي خليط من عناصر معرفية وانفعالية وسلوكية وقد تمكن الباحثون من التعرف على عدد كبير من الابعاد لأساليب التعلم أهمها: أسلوب التعلم المستقل عن المجال مقابل المعتمد على المجال،واسلوب النصف الايمن للدماغ مقابل النصف الايسر،واسلوب التأمل (التروي)مقابل الانتفاع،واسلوب النمط التفكيري مقابل النمط العاطفي والاحساس مقابل الحدس،والحكم مقابل الادراك والتفكير المرن مقابل التفكير المقيد والتبسيط مقابل التعقيد... الخ. وتتنوع اساليب التعلم ايضا من اساليب التعلم الجماعي الى اساليب التعلم الفردي الى اساليب التعلم في مجموعات صغيره وكذلك فهي تتنوع من اساليب التعلم المباشر الى اساليب التعلم عن بعد الى اساليب التعلم بالحاسوب الى غير ذلك من اساليب التعلم.

أساليب التدريس المباشرة

يعرف أسلوب التدريس المباشر بأنه ذلك النوع من أساليب التدريس الذي يتكون من آراء وأفكار المعلم الذاتية (الخاصة) وهو يقوم توجيه عمل التلميذ ونقد سلوكه، ويعد هذا الأسلوب من الأساليب التي تبرز استخدام المعلم للسلطة داخل الفصل الدراسي.

حيث نجد أن المعلم في هذا الأسلوب يسعى إلى تزويد التلاميذ بالخبرات والمهارات التعليمية التي يرى هو أنها مناسبة، كما يقوم بتقويم مستويات تحصيلهم وفقا لاختبارات محددة يستهدف منها التعرف على مدى تذكر التلاميذ للمعلومات التي قدمها لهم، ويبدو أن هذا الأسلوب يتلاءم مع المجموعة الأولى من طرق التدريس خاصة طريقة المحاضرة والمناقشة المقيدة.

أسلوب التدريس غير المباشر

يعرف بأنه الأسلوب الذي يتمثل في امتصاص آراء وأفكار التلاميذ مع تشجيع واضح من قبل المعلم لإشراكهم في العملية التعليمية وكذلك في قبول مشاعرهم.

أما في هذا الأسلوب فإن المعلم يسعى إلى التعرف على آراء ومشكلات التلاميذ، ويحاول تمثيلها، ثم يدعو التلاميذ إلى المشاركة في دراسة هـذه الآراء والمشكلات ووضع الحلول المناسبة لها، ومـن الطرق التي يستخدم معها هـذا الأسلوب طريقة حل المشكلات، وطريقة الاكتشاف الموجه.

المعلم ومدى استخدامه للأسلوب المباشر والأسلوب غير المباشر

قد لاحظ (فلاندوز) أن المعلمين يميلون إلى استخدام الأسلوب المباشر أكثر مـن الأسلوب غير المباشر، داخل الصف، وافترض تبعا لذلك قانونه المعروف بقانون (الثلثين) الذي فسره على النحو الآتي" ثلثي الوقت في الصف يخصص للحديث ـ وثلثي هذا الحديث يشغله المعلم ـ وثلث حديث المعلم يتكون مـن تأثير مباشر " إلا أن أحد الباحثين قد وجد أن النمو اللغوي والتحصيل العام يكون عاليا لـدى التلاميذ اللـذين يقعون تحت تأثير الأسلوب غير المباشر، مقارنة بـزملائهم الـذين يقعـون تحت تـأثير الأسلوب المباشر في التدريس.

كما أوضحت إحدى الدراسات التي عنيت بسلوك المعلم وتأثيره عـلى تقدم التحصيل لدى التلاميذ، أن أسلوب التدريس الواحد ليس كافيا، وليس ملائما لكل مهـام التعليم، وأن المستوى الأمثل لكل أسلوب يختلف باختلاف طبيعة ومهمة التعلم.

أسلوب التدريس القائم على المدح والنقد

أيدت بعض الدراسات وجهة النظر القائمـة أن أسلوب التـدريس الـذي يراعي المدح المعتدل يكون له تأثير موجب على التحصيل لدى التلاميذ، حيث وجدت أن كلمة صح، ممتاز شكر لك، ترتبط بنمو تحصيل التلاميذ في العلوم في المدرسة الابتدائية.

كما أوضحت بعض الدراسات أن هناك تأثيرا لنقد المعلم على تحصيل تلاميذه فلقد تبين أن الإفراط في النقد من قبل المعلم يؤدي انخفاض في التحصيل لدى التلاميذ، كما تقرر دراسة أخرى بأنها لا توجد حتى الآن دراسة واحدة تشير إلى أن الإفراط في النقد يسرع في نمو التعلم.

وهذا الأسلوب كما هو واضح يترابط باستراتيجية استخدام الثواب والعقاب.

أسلوب التدريس القائم على التغذية الراجعة

تناولت دراسة عديدة تأثير التغذية الراجعة على التحصيل الدراسي للتلميذ، وقد أكدت هذه الدراسات في مجملها أن أسلوب التدريس القائم على التغذية الراجعة له تأثير دال موجب على تحصيل التلميذ. ومن بين هذه الدراسات دراسة (ستراويتز) التي توصلت إلى أن التلاميذ الذين تعلموا بهذا الأسلوب يكون لديهم قدر دال من التذكر إذا ما قورنوا بزملائهم الذين يدرسون بأسلوب تدريسي- لا يعتمد على التغذية الراجعة للمعلومات المقدمة.

ومن مميزات هذا الأسلوب أن يوضح للتلميذ مستويات تقدمه ونموه. التحصيلي بصورة متتابعة وذلك من خلال تحديده لجوانب القوة في ذلك التحصيل وبيان الكيفية التي يستطيع بها تنمية مستويات تحصيله، وهذا الأسلوب يعد أبرز الأساليب التى تتبع في طرق التعلم الذاتي والفردي.

أسلوب التدريس القائم على استعمال أفكار التلميذ

قسم (فلاندوز) أسلوب التدريس القائم على استعمال أفكار التلميذ إلى خمسة مستويات فرعية نوجزها فيما يلي:

أ - التنويه بتكرار مجموعة من الأسماء أو العلاقات المنطقية لاستخراج الفكرة كما يعبر عنها التلميذ.

ب - إعادة أو تعديل صياغة الجمل من قبل المعلم والتي تساعد التلميذ على وضع الفكرة التي يفهمها .

جـ - استخدام فكرة ما من قبل المعلم للوصول إلى الخطوة التالية في التحليل المنطقي للمعلومات المعطاة .

د ـ إيجاد العلاقة بين فكرة المعلم وفكرة التلميذ عن طريق مقارنة فكرة كـل منهما .

هـ ـ تلخيص الأفكار التي سردت بواسطة التلميذ أو مجموعة التلاميذ .

أساليب التدريس القائمة على تنوع وتكرار الأسئلة

حاولت بعض الدراسات أن توضح العلاقة بين أسلوب التدريس القائم على نوع معين من الأسئلة وتحصيل التلاميذ، حيث أيدت نتائج هذه الدراسات وجهة النظر القائلة أن تكرار إعطاء الأسئلة للتلاميذ يرتبط بنمو التحصيل لديهم، فقد توصلت إحدى هذه الدراسات إلى أن تكرار الإجابة الصحيحة يرتبط ارتباطا موجبا بتحصيل التلميذ.

ولقد اهتمت بعض الدراسات بمحاولات إيجاد العلاقة بين نمط تقديم الأسئلة والتحصيل الدراسي لدى التلميذ، مثل دراسة (هيوز) التي أجريت على ثلاث مجموعات من التلاميذ بهدف بيان تلك العلاقة، حيث اتبع الآتي: في المجموعة الأولى يتم تقديم أسئلة عشوائية من قبل المعلم، وفي المجموعة الثانية يقدم المعلم الأسئلة بناء على نمط قد سبق تحديده، أما المجموعة الثالثة يوجه المعلم فيها أسئلة للتلاميذ الذين يرغبون في الإجابة فقط . وفي ضوء ذلك توصلت تلك الدراسة إلى أنه لا توجد فروق دالة بين تحصيل التلاميذ في المجموعات الثلاث، وقد تدل هذه النتيجة على أن اختلاف نمط تقديم السؤال لا يؤثر على تحصيل التلاميذ.وهذا يعني أن أسلوب التدريس القائم على التساؤل يلعب دورا مؤثرا في نمو تحصيل التلاميذ، بغض النظر عن الكيفية التي تم بها تقديم هذه الأسئلة، وإن كنا نرى أن صياغة الأسئلة وتقديمها وفقا للمعايير التي حددناها أثناء الحديث عن طريقة الأسئلة والاستجواب في التدريس، ستزيد من فعالية هذا الأسلوب ومن ثم تزيد من تحصيل التلاميذ وتقدمهم في عملية التعلم.

التعلم بالاكتشاف

تعريف التعلم بالإكتشاف:هو عملية تفكير تتطلب من الفرد إعادة تنظيم المعلومات المخزونة لديه وتكييفها بشكل يمكنه من رؤية علاقات جديدة لم تكن معروفة لديه من قبل. ويمكن تعريف التعلم بالاكتشاف على انه التعلم الذي يحدث كنتيجة لمعالجة الطالب المعلومات وتركيبها وتحويلها حتى يصل الى معلومات جديدة حيث تمكن الطالب من تخمين او تكوين فرض او ان يجد حقيقة باستخدام عمليات الاستقراء او الاستنباط او باستخدام المشاهدة والاستكمال او اية طريقة اخرى. وتعتبر طريقة التعلم بالاكتشاف من اروع الطرق التي تساعد الطلبة على اكتشاف الافكار والحلول بانفسهم وهذا بدوره يولد عندهم شعورا بالرضى والرغبة في مواصلة العلم والتعلم ويفسح لهم المجال لاكتشاف افكار جديدة بانفسهم.

أهمية التعلم بالاكتشاف :

1-يساعد الاكتشاف المتعلم في تعلم كيفية تتبع الدلائل وتسجيل النتائج وبذا يتمكن من التعامل مع المشكلات الجديدة.

2 -يوفر للمتعلم فرصا عديدة للتوصل إلى استدلالات باستخدام التفكير المنطقي سواء الاستقرائي أو الاستنباطي.

3 -يشجع الاكتشاف التفكير الناقد ويعمل على المستويات العقلية العليا كالتحليل والتركيب والتقويم.

4 -يعود المتعلم على التخلص من التسليم للغير والتبعية التقليدية.

5 -يحقق نشاط المتعلم وإيجابيته في اكتشاف المعلومات مما يساعده على الاحتفاظ بالتعلم.

6 -يساعد على تنمية الإبداع والابتكار.

7 -يزيد من دافعية التلميذ نحو التعلم بما يوفره من تشويق وإثارة يشعر بها المتعلم أثناء اكتشافه للمعلومات بنفسه.

أنواع الاكتشاف

هناك عدة طرق تدريسية لهذا النوع من التعلم بحسب مقدار التوجيه الـذي يقدمه المعلم للتلاميذ وهي:

1 -الاكتشاف الموجه وفيه يزود المتعلمـين بتعليمات تكفي لضمـان حصولهم على خبرة قيمـة، وذلك يضمن نجـاحهم في استخدام قـدراتهم العقليـة لاكتشاف المفاهيم والمبادئ العلمية، ويشترط أن يدرك المتعلمون الغرض من كل خطوة مـن خطوات الاكتشاف ويناسب هـذا الأسلوب تلاميـذ المرحلة التأسيسية ويمثل أسلوبا تعليميا يسمح للتلاميذ بتطوير معرفتهم من خلال خبرات عملية مباشرة.

2 -الاكتشاف شبه الموجه وفيه يقدم المعلـم المشكلة للمتعلمين ومعها بعـض التوجيهات العامة بحيث لا يقيده ولا يحرمه من فرص النشاط العملـي والعقلي، ويعطي المتعلمين بعض التوجيهات.

3 -الاكتشاف الحر وهو أرقى أنواع الاكتشاف، ولا يجوز أن يخوض به المتعلمين إلا بعد أن يكونوا قد مارسوا النـوعين السـابقين، وفيـه يواجـه المتعلمون بمشكلة محددة، ثم يطلب منهم الوصول إلى حل لهـا ويترك لهـم حريـة صياغة الفروض وتصميم التجارب وتنفيذها.

دور المعلم في التعلم بالاكتشاف

1-تحديد المفاهيـم العلميـة والمبـادئ التـي سـيتم تعلمهـا وطرحها في صورة تساؤل أو مشكلة.

2-إعداد المواد التعليمية اللازمة لتنفيذ الدرس.

3-صياغة المشكلة على هيئة أسئلة فرعية بحيث تنمي مهارة فرض الفروض لدى المتعلمين.

4-تحديد الأنشطة أو التجارب الاكتشافية التي سينفذها المتعلمون.

5-تقويم المتعلمين ومساعدتهم على تطبيق ما تعلموه في مواقف جديدة.

طرق الاكتشاف

1-الاكتشاف الاستقرائي: أو مبدأ ما من خلال دراسة مجموعة من الامثلة النوعية لهذا المفهوم أو المبدأ ويشتمل وهي التي يتم بها اكتشاف مفهوم هذا الاسلوب على جزئين الاول يتكون من الدلائل التي تؤيد الاستنتاج الذي هو الجزء الثاني وقد تجعل الدلائل الاستنتاج موثوق به الى اي درجة كانت وهذا يتوقف على طبيعة تلك الدلائل وهناك عمليتان يتضمنها اي درس اكتشساف استقرائي هما التجريد والتعميم.

2-الاكتشاف الاستدلالي: هي التي يتم فيها التوصل الى التعميم او المبدأ المراد اكتشافه عن طريق الاستنتاج المنطقي من المعلومات التي سبق دراستها ومفتاح نجاح هذا النوع هو قدرة المعلم على توجيه سلسلة من الاسئلة الموجه التي تقود الطلبه الى استنتاج المبدأ الذي يرغب المدرس او المعلمه في تدريسه ابتدائا من الاسئلة السهلة وغير الغامضه ويتدرج في ذلك حتى الوصول الى المطلوب.

التعلم الذاتي

هو احد اساليب اكتساب الفرد للخبرات بطريقة ذاتية دون معاونة احد او توجيه من احد، أي ان الفرد يعلم نفسه بنفسه، والذاتية هي سمة التعلم فالتعلم يحدث داخل الفرد المتعلم فان كان ذلك نتيجة خبرات هياها بنفسه كان التعلم ذاتيا وان كان نتيجة خبرات هياها له شخص اخر كالمعلم مثلا كان التعلم ناجا عن تعليم ذاتي وهناك طرق عديده للتعلم الذاتي منها التعلم البرنامجي والتعلم بالموديلات والتعلم الكشفي غير الموجه... وغير ذلك.

التعلم بالنمذجة

وهي عملية الاعتماد على النماذج في نقل فكرة او خبرة الى فرد او مجموعة افراد وهي احدى فنيات وطرق اكساب الافراد انماط السلوك الصحيح وهي ايضا فنية علاجية لتعديل انماط السلوك الخاطي وغير المرغوب لدى الافراد. ومن الامثلة على هذا التعلم تدوين الملاحظات اثناء المحاضرة أو الملخصات هي ما يستخلصه القارئ لنص، أو المستمع لمحاضرة أو درس، وبطريقته الخاصة، بحيث يسهل عليه تذكر غالبية المعلومات للنص أو الدرس، وهي تعد من المهارات الضرورية للاستذكار، حيث إن المتعلم لن يستطيع بأي حال من الأحوال حفظ الكتاب كاملا، أو تذكر المحاضرة أو الدرس كاملا - وهو غير مفضل- في حين أن الملاحظات بأسلوبه وبكلماته وتنظيمه الخاص من الآليات التي تساعده على تذكر أكبر قدر من المعلومات.

التدريب

التدريب: هو عملية تستهدف تطبيق المبادئ والافكار النظرية لمجال او عمل ما في الوقع الفعلي للربط بين الجانبين النظري والعملي لهذا المجال او العمل والتدريب على درجة كبيره من الاهمية في المجال التعليمي خصوصا للمؤسسات التعليمية ذات الطابع العملي والمهني التطبيقي فهو ضروري جدا لطلاب المدارس الفنية الصناعية وطلاب كلية الهندسة وكليات الطب والزرعة والخدمة الاجتماعية وغيرها.

تعلم المفاهيم

مع وجود انسان قادر على الاستجابات الادراكيه المعقده يصبح تكوين المفاهيم ممكنا. وبما ان هناك استمراريه بين البيئة الفيزيقية والبيولوجيه والاجتماعية التي يعيش الناس فيها على اختلافهم فاننا نجد درجة عالية من التشابه بين مفاهيمهم، وعن طريق التعلم اللغوي تكتسب الكثير من المفاهيم اسماء،أي تقابلها كلمات او عبارات في لغة معينة تدل عليها وهذه اللغة تجعل اشتراك الناس في المفاهيم امرا ممكننا باعتبارها فئات للخبرة ونحن نستخدم هنا لفظ خبرة بمعنى شامل باعتبارها

استجابة داخلية او ادراكية للمثيرات. ويمكن ان تتوافر لدينا خبرة ببعض جوانب البيئة الفيزيقية او البيولوجية او الاجتماعية بوسائل مباشرة او غير مباشرة فنحن نستطيع ان نخبر عن الحرارة او الضوء او الرائحة على نحو مباشر بينما قد تكون خبرتنا للذرات والدوائر الالكترونية غير مباشرة أي تتوافر لدينا عن طريق الاصاف اللفظية او غيرها من انماط المثيرات، وهناك شرطان ضروريان لتكوين المفهوم:-

1- ان تتوافر للفرد سلسلة من الخبرات في جانب او اكثر ومجموعة جوانب التشابه هذه هي التي تؤلف المفهوم الذي يكمن في هذه الخبرات والخبرات التي تمثل هذا المفهوم تعتبرامثلة ايجابية له اما الخبرات التي لاتمثله في امثله سلبية.

2- ان يسبق سلسلة الخبرات التي تحتوي هذا المفهوم او يلحق بها او يتخللها امثلة سلبية أي ان من الضروري ان يتوافر تتابع مناسب من الامثلة الموجبة والسالبة لضمان تعلم المفهوم على نحو سليم.

الفرق بين استراتيجيات التعليم وعادات ومهارات التعلم

تعريف المهارة: يقصد بالمهارة "عدة معان مرتبطة،منها: خصائص النشاط المعقد الذي يتطلب فترة من التدريب المقصود، والممارسة المنظمة، بحيث يؤدى بطريقة ملائمة، وعادة ما يكون لهذا النشاط وظيفة مفيدة. ومن معاني المهارة أيضا الكفاءة والجودة في الأداء. وسواء استخدم المصطلح بهذا المعنى أو ذاك،فإن المهارة تدل على السلوك المتعلم أو المكتسب الذي يتوافر له شرطان جوهريان، أولهما: أن يكون موجها نحو إحراز هدف أو غرض معين، وثانيهما: أن يكون منظما بحيث يؤدي إلى إحراز الهدف في أقصر وقت ممكن. وهذا السلوك المتعلم يجب أن يتوافر فيه خصائص السلوك الماهر. ويعرف كوتريل (1999-Cottrell) المهارة بأنها: القدرة على الأداء والتعلم الجيد وقتما نريد. والمهارة نشاط متعلم يتم تطويره خلال ممارسة نشاط ما تدعمه التغذية الراجعة. وكل مهارة من المهارات تتكون من مهارات فرعية أصغر منها، والقصور في أي من المهارات الفرعية يؤثر على جودة الأداء الكلي. ويستخلص عبد الشافى رحاب

(1997م، ص213) تعريفا للمهارة بأنها " شيء يمكن تعلمه أو اكتسابه أو تكوينه لدى المتعلم، عن طريق المحاكاة والتدريب، وأن ما يتعلمه يختلف باختلاف نوع المادة وطبيعتها وخصائصها والهدف من تعلمها". أما العادة فهي: شكل من أشكال النشاط يخضع في بادئ الأمر للإرادة والشعور، ومع دقة وجودة التعلم لهذا النشاط يصبح تكراره آليا، ويتحول إلى عادة، ومن المحتمل أن تظل تلك العادة مستمرة بعد أن يختفي الهدف من النشاط الأصلي، ومن ثم فهي"نوع من أنواع السلوك المكتسب يتكرر في المواقف المتشابهة". ويفرق سليمان الخضري وأنور رياض (1993م، ص40) بين المهارة والاستراتيجية بأن المهارات هي الطرق المعرفية الروتينية لدى الفرد، لأداء مهام خاصة، بينما الاستراتيجيات وسائل اختيار وتجميع أو إعادة تصميم تلك الطرق المعرفية الروتينية. ومن ثم يمكن القول بأن العمل بالاستذكار يبدأ بسلوك متعلم، ثم يتسم هذا العمل بالكفاءة، وله هدف هو الإنجاز والتحصيل، فيصبح سلوكا ماهرا، فإذا ما تكرر بشكل آلي يصبح عادة، وفق قوانين نظريات التعلم السلوكية، وإذا تم الاختيار من بين تلك السلوكيات والعادات والتنظيم للإجراءات، يكون الفرد بصدد اتخاذ استراتيجية في الاستذكار. المعنى التربوي لمهارات الاستذكار: تعددت التعريفات التي وردت لمهارات الاستذكار، فيعرف جراهام وروبنسون (Graham (1989& Robinson - مهارات الاستذكار بأنها" القدرات النوعية التي من المحتمل أن يستخدمها الطلاب منفردين أو في جماعات لتعلم محتوى مناهجهم الدراسية، من بداية قراءتها إلى تناول الامتحان بها". فعن طريق الاستذكار يلم الطالب بالحقائق العلمية، ويتعرف على المعارف بموضوعية، ويصل إلى أفضل تفسير للظواهر، وأحسن حل للمشكلات التي تصادفه، سواء في مجال تخصصه أو أسلوب حياته بصفة عامة.

التعلم النشط بين النظرية والتطبيق

في ظل التطور المعرفي، والنظريات التربوية، تأتي اساليب التدريس الحديثة، والتي تعتبر المتعلم محور العملية التعليمية التعلمية على غرار ما تقوم عليه الاساليب التقليدية.

111

وفي التسعينات يأتي التعلم النشط والذي يفعل عمليتي التعليم والتعلم، وينشط المتعلم ويجعله يشارك بفعالية، الا ان اكثر ما يؤثر في سير عملية التعلم ان يعمل ويفكر فيما يعمله، حتى يستطيع من اتخاذ القرارات والقيام بالاجراءات اللازمة للتغيير والتطوير والتقويم.

وتتمثل الغاية من نهج التعلم النشط بمساعدة المتعلمين على اكتساب مجموعة من المهارات والمعارف والاتجاهات والمبادئ والقيم، اضافة الى تطوير استراتيجيات التعلم الحديثة التي تمكنه من الاستقلالية في التعلم وقدرته على حل مشاكله الحياتية واتخاذ القرارات وتحمل مسؤوليتها.

ويتضمن استراتيجيات التعلم النشط الخصائص الآتية:

- المتعلمون يشتركون في العملية التعليمية التعلمية بصورة فعالة تتعدى كونهم متلقين سلبيين.

- المتعلمون يشتركون في النشاطات والفعاليات الصفية بصورة مختلفة عن طريق القراءة والكتابة والنقاش وطرح الاسئلة والتعليق عليها.

- هناك تركيز اقل عن نقل المعلومات وإيصالها للمتعلمين في حين يزداد التركيز على تطوير مهارات المتعلمين الأساسية والمتقدمة وتنميتها.

- هناك مزيد من التركيز على استكشاف القيم والمعتقدات والتوجهات لدى المتعلمين.

- تكون دافعية المتعلمون مرتفعة وخاصة لدى البالغين منهم.

- حصول المتعلمون على التغذية الراجعة الفورية من المعلم.

- تفعيل لدور المتعلمين في مهارات واستراتيجيات التفكير العليا مثل التحليل، والتركيب، والتقييم وحل المشكلات، (Bonwell، 1995).

وللتعلم النشط العديد من الاساليب والطرائق التي تقوم على مشاركة المتعلم بفعالية في العملية التعليمية التعلمية، ومن هذه الاساليب:

دراسة الحالة، والمجموعات الصغيرة، واستنارة المعلومات، والمناقشة والحوار، ولعب الادوار، والتعلم بالاكتشاف.

ومن اهم ما يميز استخدام التعلم النشط في العملية التعليمية التعلمية هو الأثر الذي يتركه على جميع عناصر العملية التعليمية التعلمية من متعلم، معلم، بيئة التعلم، المنهاج، المدير...

اولا: المتعلم:

يعتبر التعلم النشط المتعلم بمحور العملية التعليمية، والذي يقوم على مشاركة المتعلم والمعلم في عملية التعلم، وان يكون تعلم الموقف التعليمي التعلمي قائم بين الطرفين وبشكل مشترك. وهذا يقود الى اكتساب المتعلم للمعلومات والمهارات بشكل فعال، اضافة الى بقائها لمدة طويلة في ذاكرة المتعلم. ويعمل التعلم النشط على تنمية مهارات التفكير عند المتعلم واكسابه القدرة على تحليل المواقف وحل المشكلات التي تواجهه.

ثانيا: المعلم:

يعمل التعلم النشط على خلق جو تعليمي فعال ومناسب، داخل غرفة الصف، ويتيح له العديد من الوسائل والاساليب التي يستخدمها في عمليتي التعليم والتعلم. وحتى يكون المعلم قادرا على تطبيقه في غرفة الصف لا بد له بأن يتمتع بصفات شخصية كأن يكون متقبلا للنقد، ذا عقلية منطقية، غير متسلط في قراراته، مخلصا لعمله، يمتلك المعرفة في المادة التي يدرسها، وملما بأساسيات التعلم النشط، ومثقفا، ولديه القدرة على التحليل والابداع... كما انه لا بد بأن لا يكون متناقضا في سلوكه مع المتعلمين داخل غرفة الصف وخارجها، وذلك حتى يكسب ثقة المتعلمين.

ثالثا: المنهاج:

يكون المتعامل مع المنهاج على اساس استخدام اساليب التعلم النشط، وذلك من خلال الالمام به من قبل المعلم واخضاعه لاستراتيجياته عند تنفيذه وبمشاركة المتعلم.

وهذا لا يغني في الاساس عن قيام مؤلفوا المنهاج في مراعاة استراتيجيات التعلم النشط عند التأليف وهذا يعني بأن يكون المنهاج قائم على اكتساب المتعلم للمعلومات والمهارات والقيم والاتجاهات والمباديء، اضافة الى اكسابه القدرة على التحليل والتركيب وتنمية المهارات العقلية لديه.

رابعا: بيئة التعلم:

حتى نستطيع تطبيق اساليب التعلم النشط في البيئة الصفية، لا بد ان يكون التعلم داخل غرفة الصف مشجعا، ويكون تحقيق التعلم بشكل فعال من خلال اعطاء المعلومات والارشادات... الخ في الغرفة الصفية وبشكل قائم على التفاعل المشترك بين المعلم والمتعلم والاسلوب المستخدم في تنفيذه او توصيل هذه المعلومات. وان يلجأ المعلم الى التنوع في طرح الاساليب من اجل توصيل الافكار والمعلومات الى المتعلم والذي يحدد الوسيلة في توصيل المعلومة هو طبيعة المعلومة.

الا ان تطبيق استراتيجيات التعلم النشط في غرفة الصف يواجه العديد من المعوقات التي تحد من استخدامه وذلك في اعداد المتعلمين الكبيرة في غرفة الصف، وعدم تغطية كمية كبيرة من المنهاج المقرر خلال الفترة الزمنية المحددة. ونقص المواد والمعدات اللازمة لدعم التوجه للتعلم النشط، واعتقاد المعلمين بأن تعميم استراتيجيات التعلم النشط تأخذ وقتا طويلا في التحضير للدروس ولكن ليس صعبا التغلب على هذه المعوقات، وهذا يتطلب من المعلم بأن يختار الانشطة التي تزيد من دافعية المتعلمين والمتعلمات، والتي تعمل على مشاركتهم في تعلمهم للموقف التعليمي التعلمي، كما يتطلب الامر بأن يكون المعلم نفسه مؤمنا بإستراتيجيات التعلم النشط. وايضا بأن

تتوفر لديه المعرفة الكافية به والتخطيط الدقيق للدروس والتي تمكنه من استخدام اساليب التعلم النشط بشكل فعال. ونتيجة للمعرفة الكافية باستراتيجيات التعلم النشط، والتخطيط السليم، عندها يكون اكثر قدرة على اختيار الانشطة الملائمة لطبيعة المادة التي يدرسها.

وفي الحقيقة ان التدريس باستخدام اساليب التعلم النشط يؤدي الى تحقيق الاهداف المرجوة من الدرس، ومن خلال توظيف المعلم لاساسيات التعلم النشط في العملية التعليمية التعلمية يخلق تفاعل مشترك بين المعلم والمتعلم.

عمليات ومبادئ التعلم

نظريات التعلم وهي النظريات التي حاولت تفسير كيفية حدوث التعلم عند الانسان، ويمكن تصنيف نظريات التعلم التي فسرت ميكانيكية تعلم الانسان الى مجموعتين كبيرتين هما:

1- مجموعة نظريات التعلم السلوكية (الارتباطية).

2- مجموعة نظريات التعلم المعرفية (المجالية).

اما النظريات التي يصعب تصنيفها في هاتين المجموعتين فنظريات مثل الوظيفه والنظريه النفسيه الديناميه وغيرها من النظريات.

1- نظرية التعلم السلوكي:-

ومن روادها بافلوف، ثورندايك، واطسن،هل، جاثري، سكنر... وغيرهم. وتفسر ـ هذه النظريات السلوكية التعلم بانه تغير في سلوك المتعلم نتيجة تكرار الارتباطات بين الاستجابات والمثيرات في البيئة الخارجية باستخدام التعزيز سواء اكانت الاستجابات شرطية كلاسيكية مثير؟ استجابة او اجرائية (أي حدوث الاستجابة دون مثير في البيئة).ويمكن تمثيل التعلم في هذه النظريات بالنموذج الاتي:

مثير؟استجابة ؟تكوين عاده سلوكيه (تعلم)

2- نظريات التعلم المعرفية (المجالية)

ومن روادها اصحاب مدرسة الجشتالت وهلر، كوفكا، ليفين، تولمان، برونر، اوزوبل، بياجيه... وغيرهم. وتفسر هذه النظريات التعلم بانه عملية استكشاف ذاتي تقوم على التبصرـ والادراك والتنظيم وفهم العلاقات نتيجة تفاعل القوى العقلية للانسان مع المثيرات التعلمية في البيئة ويمكن تمثيل ميكانيكية التعلم في سياق

النظريات المعرفية على النحو الاتي: الإنسان [القوى العقلية] تفاعل مع [المثيرات والخبرات التعلمية في البيئة]. فهم وإدراك للعلاقات (تعلم).

وقد راج تطبيق هذه النظرية في الآونة الأخيرة على حساب النظرية السلوكية التي كانت مسيطرة على حقول التربية خلال العقود الماضية ؛ نتيجة التطور وانفجار المعرفة في القرن الحادي والعشرين واستخدام التقنيات الحديثة في مجال الاتصالات بالإضافة إلى زيادة الاهتمام بتعليم الطلبة طريقة الحصول على المعرفة وتنمية أنماط التفكير المختلفة لديهم أكثر من تحصيل المعرفة نفسها.

العلاقة بين نظريات التعليم ونظريات التعلم:

هناك خلاف في الرأي بين البعض حول العلاقة بين نظريات التعليم والتعلم فهناك من يرى أن البحث السيكولوجي يختلف عن البحث التربوي اختلافا منهجيا وهذا الرأي يؤكد بأنه لا توجد علاقة بين نظريات التعليم ونظريات التعلم، وهناك رأي آخر يرى أن هذين النوعين من النظريات يعتمد كل منهما على الآخر مع أن لكل منهما اتجاهه ونموه للمستقبل، ولكنهما يتبادلان الأفكار وكثيرون الذين يعتقدون بأن نظريات التعلم تمثل المصدر الأول الذي تشتق منه نظريات التعليم.

الأهداف التعليمية -النتاجات

تعرف الأهداف التعليمية: هي عبارات أو جمل مكتوبة بدقة لوصف الطريقة التي سيتعرف بها الطلاب في نهاية الوحدة الدراسية أو المساق الدراسي وهي بذلك تصف ما يتوقع من التلميذ إنجازه في نهاية الوحدة الدراسية. وعندما نستطيع أن نحدد ما نريد تحقيقه يمكن لنا أن نحدد كيف نريد تحقيق هذا الشيء.

إن تحديد الأهداف يساعد المتعلم من أن يقيم نفسه وأن يحكم على ملائمة تحصيله ذاتيا فعند تحديد الأهداف نتمكن من أن يحكم على مقدار تقدمه في التعلم

عن طريق قربه أو بعده عن تحقيق الهدف إذا فهـي تسـاعد المـتعلم عـلى أن ينظم[1] جهوده نحو تحقيق الهدف وأن يقيم هذه الجهود من حيث صدقها للوصل إلى الهدف.

فوائد الأهداف التعليمية:

1. **إن** وضع الأهداف هي الخطوة الضرورية في أية عملية تعليمية لأنها تسـاعد على وضوح الرؤية وتوجيه المعلم نحن تحقيق أهداف محددة ومقبولة.

2. تحديد الأهداف يفيد في اختيار الخبرات المناسبة فهي تفيدنا في تحديد الخبرات اللازمـة للـتعلم كي تسـاعده عـلى التكيـف الإيجـابي مـع المجتمـع في حـاضره ومستقبله.

3. تحديد الأهداف يفيد في اختيـار جوانب النشـاط التعليمـي المناسبة بطريقـة فعالة ومناسبة.

4. تحديد الأهداف يفيد في عملية التقويم، في تقويم مدى فعاليـة عمليـة الـتعلم والتعليم.

5. أهمية الأهداف التربوية تفيد في ثلاثة مجالات:

1. المنهج.   2. التعلم.   3. التقويم.

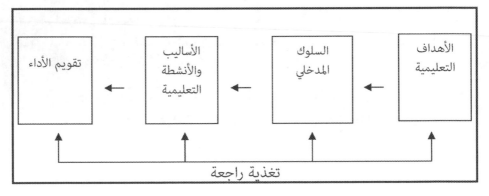

---

(1) عدس قطامي- أ.د. عبد الرحمن وأ.د. يوسف – علم النفس التربوي الطبعة الأولى 2003م، دار الفكر للطباعة والنشر- عمان.

مستويات الأهداف التعليمية: هنالك فئتين من الأهداف:

1. فئة الأهداف التربوية تشير إلى الغايات القصوى للعملية التربوية والتي ترمي إلى التأثير في شخصية المتعلم لجعله يتسم باتجاهات وقيم معينة.

2. فئة الأهداف التعليمية: تشير إلى الأغراض التي تنشدها العملية التعليمية التي تظهر في اكتساب المتعلم أنماط سلوكية أو أدائية معينة.

تصنف الأهداف إلى ثلاثة مستويات[2]:

أهداف عامة (طويلة المدى)	أهداف مرحلية (متوسط المدى)	أهداف سلوكية (قصيرة المدى)
تتميز بدرجة عالية من التعميم والتجريب وتأخذ فترة طويلة لتحقيقها. مثال: إعداد المواطن الصالح خصائص الأهداف العامة: 1. تحتاج لفترة طويلة لتحقيقها. 2. تهتم بوصف المخرجات النهائية لمجمل العملية التربوية. 3. تهدف إلى تغير سلوك المتعلمين وفقا لفلسفة المجتمع. 4. يتم وضعها من قبل هيئات وطنية	تتميز بدرجة متوسطة من حيث التعميم والتجريد وتمثل هذه الأهداف السلوك المتوقع إحداثه عند المتعلم بعد مرور فترة منية. مثال: تنمية مهارات القراءة لدى المتعلم. تضع هذه الأهداف من قبل بعض الهيئات والسلطات التربوية المعينة	تتميز هذه الأهداف بدرجة مرتفعة من حيث التجديد والدقة ودرجة منخفضة من العمومية والتجريد. وتحتوي على السلوكيات لنهائية التي يتوقع أن يظهرها المتعلم بعد انتهائه من دراسة وحدة دراسية معينة (الأهداف السلوكية)

(2) علم النفس التعلم و التعليم- الجامعة العربية المتفوحة.

* مكونات الأهداف السلوكية [3]:

وهي التي تجعل الهدف السلوكي أكثر وضوح وتحديد ودقة وفعالية.

الهدف السلوكي: عبارة تصف الأداء المتوقع قيام المتعلم بعد الانتهاء من تدريس وحده تعليمية معينة.

مكوناتها هي:

1. السلوك أو الأداء الظاهر للمتعلم: يدرك هذا المكون على التغير الذي سيطرأ على سلوك المتعلم بعد الانتهاء من تعليم وحدة دراسية معنية.

- مثال: أن يشرح المتعلم الفرق بين الأهداف العامة والخاصة بعد انتهائه من دراسة هذه الوحدة.

2. شروط الأداء: يشير هذا المكون إلى الظروف أو الشروط التي تظهر من خلالها السلوك النهائي للمتعلم الذي يجب أن تتوفر لدى قيامه بالأداء.

مثال: أن يحل الطالب خمسة مسائل جمع دون استخدام الآلة الحاسبة

3. مستوى الأداء المقبول: يقصد به نوعية الأداء المطلوب التي تبين ما إذا كان المتعلم قد تمكن من الهدف أم لا مثال أن يحل الطالب سبع معادلات من تسعة بشكل صحيح.

تصنيف الأهداف التعليمية وطبيعتها[4]:

تصنيف الأهداف: توزيع الأهداف وفق نمط معين يحدده الباحث أو العالم بحيث تحتوي كل فئة من هذه الفئات مجموعة من الأهداف التي تجمعها خصائص معينة.

(3) علم النفس التعلم والتعليم - الجامعة العربية المفتوحة.

(4) المناهج وطريق التدريس للمرحلة الابتدائية - الجامعة العربية المفتوحة.

ويعد تصنيف بلوم أشهر تصنيف للأهداف ويتكون هذا التصنيف من ثلاث مجالات: وكل مجال له مستويات تندرج من البسيط إلى المركب.

أولا: المجال المعرفى	ثانيا: المجال الوجدانى	ثالثا: المجالس النفس حركى
وهو مجال إدراكي معرفي يندرج بقدرات المتعلم الإدراكية من البسيط إلى المركب. ومستوياته هي: 1. مستوى المعرفة أو التذكر: يتضمن تذكر جزئيات وعموميات (مصطلحات وحقائق). 2. الاستيعاب والهدف: تشير إلى حالة الإدراك والفهم وينعكس في الترجمة والتفسير والتأويل. 3. التطبيق: استعمال التجريدات في المواقف محسوسة وهي على شكل أفكار عامة أو جزئية وقوانين. 4. التحليل: تحليل مادة التعلم إلى عناصرها وأجزائها التي تتألف منها بحيث تبين الكيفية التي تنظم فيها. 5. التركيب جميع العناصر والأجزاء المتفرقة لتكوين كل متماسك ومتكامل. 6. التقويم إصدار حكم عن قيمة مادة ما وذلك بموجب معايير معينة يمكن أن يستخلصها الطالب أو تعطي له.	يمثل هذا المجال الأهداف التي تتعلق بالمشاعر والميول والاتجاهات والقيم والتذوق وأوجه التقدير ومستوياته هي: 1. الاستقبال والتقبل يكون المتعلم راغبا في الاستماع والمشاركة. 2. الاستجابة: التفاعل بالإيجابية سمع الظاهرة بحثا عن الرضا والارتياح. 3. التقيم: تقدير الأشياء في ضوء الأيمان بقيمة معينة. 4. التنظيم القيمي: تنظيم مجموعة من القيم في نظام قيمي معين وتحديد العلاقة بينها القيم الأكثر سيادة. 5. التميز بقيمة أو من القيم تأخذ القيم مكانها وتنظيم داخلي يحكم السلوك ويوجه باتساق.	تتضمن هذا المجال الأهداف التي تتعلق بالمهارات الحركية مثل الكتابة السباحة والرسم. 1. الإدراك الحسي: القدرة على استخدام أعضاء الحس للقيام بالنشاط الحركي. 2. الاستعداد أو التأهيل استعداد المتعلم للقيم بنوع خاص من العمل ويتضمن الاستعداد العقلي والحس الأنفعالي. 3. الإجابة الموجهة: عن طريق التقليد والمحاكاة والخطأ. 4. الآلية والمكانيكية: وهي أداء للمحركات المتنوعة بشكل آلي. 5. الاستجابة الظاهرة أو المعقدة هي المهارة في أداء النشاطات الحركية. 6. التكيف يمكن للمتعلم أن يغير في الأنماط الحركات لتنسجم مع متطلبات خاصة. 7. الإبداع: وهي أن يكون المتعلم قادر خلق أنماط حركية جديدة تتلائم مع موقف خاص.

ضرب المعلمين لتلامذتهم: التأييد والرفض

مرت طبيعـة العلاقـة بـين المعلـم أو المـؤدب أو المـربي وبـين تلاميـذه بتغيرات جذرية على مر العصور، منذ أن كان المـربي يعتمـد عليـه في تنشـئة رجـالات الأمـة مـن القادة والحكام والعلماء، وانتهاء بالأساتذة الحاليين وطلابهم المعاصرين!

ومن نافلة القول أن مهام المعلم تغيرت مع تغير الأزمنة. ومع التغـير في طبيعـة ومهام المعلمين من جهة، وطبيعة ومهام الآباء وأبنائهم مـن جهـة أخرى كـان لزامـا أن يكون هناك تغير في صلاحيات المعلمين وما يمثلونه للمجتمـع. قبـل عقـدين مـن الـزمن تعارف الناس على مقولة الأب للمدرسة (لكم اللحم ولنا العظم) ثم بدأ هـذا العظـم في الوهن! فأدرك الناس -آباء ومعلمين- أن العقاب البدني المتعارف عليه بالضرب يجب أن يخضع لتقنين أكثر أو يلغى فالبعض يعتقد بـأن عـلى المعلمين السـيطرة عـلى فصولهم ومعاقبة طلابهم بأساليب تربوية حديثة

لاستيضاح خريطة الرأي في أوساط المعلمين قام أحـد البـاحثين بدراسـة ظاهرة منع الضرب في المدارس في السعودية فأجاب 57% منهم أنهم يؤيدون هذا القـرار، فيما يعارضه 43% منهم لإيمانهم بأهمية الضرب كوسيلة لردع الطلاب المشاكسين تعليميا وسلوكيا.

كيف ينظر الطالب للمعلم الذي لا يستخدم الضرب كوسيلة عقاب؟

أجاب 56% من الطلبة أن هذا المعلم متفهم، فيما اعتـبره 22% منهم قوي الشخصية. ونظر إليه 15% منهم على أنه ضعيف، والقليل مـنهم أحـال عـدم اسـتخدام المعلم للضرب إلى أنه معلم حنون وهـؤلاء نسبتهم 7%. ولا يحب 88% مـن الطلبـة المعلم الذي يضرب بالعصا وربما يكون هذا طبيعيا، لكن 12% أجابوا بأنهم يحبون هذا النوع من المعلمين، وليتنا استطعنا معرفة السبب (ربما لأن هـذا النـوع مـن المعلمين لا يمسون الدرجات من قريب أو بعيد.!).

والرحلة مع الطلاب لها سؤال أخير هو عن رؤيتهم للمستقبل، وهل سيستخدمون الضرب إذا ما أصبحوا معلمين؟

الغالبية الكبيرة من الطلاب، نسبتهم 82% زعموا أنهم لن يستخدموا الضرب في المستقبل، فيما يصر 18% منهم على أنهم سيستخدمونه إذا ما أصبحوا معلمين.

وقد سألت نفس السؤال للطلاب - حيث أنني دائما مع لقائي للطلاب في بداية العام الدراسي خلال عملي كمعلم في مدارس الثقافة العسكرية، والتعليم الخاص، والآن في المدارس الحكومية في الأردن أوجه الأسئلة التالية للطلاب:

- ما هو دور الطالب ؟
- ما هو دور المعلم ؟

واستخدم أسلوب الحوار والمناقشة مع الطلاب عن ظاهرة (العقاب والثواب) ؛ والنتيجة التي كنت احصل عليها أن الغالبية من الطلاب يفضلون المعلم الذي يستخدم أسلوب الثواب ويبتعد عن الضرب؛ وبالتالي تكون العلاقة بين المعلم والطالب علاقة ايجابية تقوم على الاحترام المتبادل بينهما.

نبينا محمد صلى الله عليه وسلم

هو معلمنا الأول وقدوتنا في الرحمة

كان الرسول محمد صلى الله عليه وسلم أحسن قومه خلقا وأصدقهم حديثا وأعظمهم أمانة وأبعدهم عن الفحش والأخلاق التي تدنس الرجال حتى كان أفضل قومه مروءة وأكرمهم مخالطة وخيرهم جوارا وأعظمهم حلما وأصدقهم حديثا فسموه الأمين لما جمع الله فيه من الأمور الصالحة الحميدة والفعال السديدة من الحلم والصبر والشكر والعدل والتواضع والعفة والجود والشجاعة والحياء حتى شهد له بذلك ألد أعدائه ووصفوه بأحسن الصفات.

وعندما دخل النبي محمد صلى الله عليه وسلم الكعبة في غزوة الفتح الأعظم، خرج إلى مقام ابراهيم وصلى فيه ثم شرب من زمزم وجلس في المسجد والناس حوله

والعيـون شاخصـة إليـه ينتظـرون مـا هـو فاعـل بمشركي قـريش الـذين آذوه وأخرجوه من بلاده وقاتلوه ولكن هنا تظهر مكارم الأخلاق التي يلزم أن يتعلم منها المسلم وخاصة المعلم مع طلابه ؛ بأن يكون رضاه وغضبه لله لا بهوى النفس فقال عليه السلام: يا معشر قريش ما تظنون أني فاعل بكم ؟ قالوا خيرا أخ كريم وابن أخ كريم، فقال عليه السلام: اذهبوا فأنتم الطلقاء ؛ هكذا كان نبينا محمد صلى الله عليه وسلم مع أعدائه فكيف مع أصحابه ؟ قال تعالى: " عزيز عليه ما عنتم حريص عليكم بالمؤمنين رؤوف رحيم " وقال: " وما أرسلْناك إلا رحمة للعالمين ".... نعم لقد منح الله سبحانه نبينا محمد صلى الله عليه وسلم من كمالات الدنيا والآخرة ما لم يمنحه غيره ممن قبله أو بعده، حتى أثنى الله تعالى عليه فقال: " وإنك لعلى خلق عظيم ". وعن علي رضي الله عنه قال: سألت رسول الله صلى الله عليه وسلم عن سنته فقال: (المعرفة رأس مالي والعقل أصل ديني والحب أساسي والشوق مركبي وذكر الله أنيسي- والثقة كنزي والحزن رفيقي والعلم سلاحي والصبر ردائي والرضا غنيمتي والعجز فخري والزهد حرفتي واليقين قوتي والصدق شفيعي والطاعة حسبي والجهاد خلقي وقرة عيني في الصلاة وثمرة فؤادي في ذكره وغمي لأجل أمتي وشوقي إلى ربي) فجزاه الله من نبي عن أمته خيرا ؛ وليتأمل كل معلم في هذه الشمائل الكريمة والخصال الجميلة، وليتمسك بها ويتبع رسول الله صلى الله عليه وسلم ليحوز شفاعته يوم الفزع الأكبر ويرضى الله عنه. لذلك لا بد أن يكون المعلم ذو مواصفات خاصة تميزه عن غيره من المعلمين لعظمة الرسالة التي يحملها ولأهمية الجيل الذي يربيه بين يديه، وليكن رحيما يمتاز بالشفقة والرأفة والرحمة مع طلابه. ولا تنسى أخي المعلم:

سوف لا يتذكر المتعلمون دائما ما نعلمهم، ولكنهم لن ينسوا أبدا طريقة معاملتنا لهم

وتذكر عزيزي المعلم النداء الالهي في الرحمة، يقول سبحانه وتعالى:

{ رَبَّنَا لَا تُزِغْ قُلُوبَنَا بَعْدَ إِذْ هَدَيْتَنَا وَهَبْ لَنَا مِنْ لَدُنْكَ رَحْمَةً إِنَّكَ أَنْتَ الْوَهَّابُ } آل عمران 8

{ فبما رحمة من الله لنت لهم ولو كنت فظا غليظ القلب لانفضوا من حولك فاعف عنهم واستغفر لهم وشاورهم في الأمر فإذا عزمت فتوكل على الله إن الله يحب المتوكلين } آل عمران 159

{ قل لمن ما في السماوات والأرض قل لله كتب على نفسه الرحمة ليجمعنكم إلى يوم القيامة لا ريب فيه الذين خسروا أنفسهم فهم لا يؤمنون }الأنعام12

{ قال ومن يقنط من رحمة ربه إلا الضالون }الحجر56

{ واخفض لهما جناح الذل من الرحمة وقل رب ارحمهما كما ربياني صغيرا }الإسراء24

{ وإما تعرضن عنهم ابتغاء رحمة من ربك ترجوها فقل لهم قولا ميسورا } الإسراء28

{ وما أرسلناك إلا رحمة للعالمين }الأنبياء107

{ وإذا أذقنا الناس رحمة فرحوا بها..... }الروم36

{ الذين يحملون العرش ومن حوله يسبحون بحمد ربهم ويؤمنون به ويستغفرون للذين آمنوا ربنا وسعت كل شيء رحمة وعلما فاغفر للذين تابوا واتبعوا سبيلك وقهم عذاب الجحيم }غافر7

{ ثم كان من الذين آمنوا وتواصوا بالصبر وتواصوا بالمرحمة }البلد17

{ رحمة من ربك إنه هو السميع العليم }الدخان6

التدريس الفعال

دواعي ومنطلقات التدريس الفعال:

إن الناظر إلى مخرجات التعليم العام (الطلاب) في شتى دول العالم العربي يجد أن نسبة كبيرة منهم ليست في المستوى المأمول من ناحية امتلاكها للمهارات الأساسية في القراءة والكتابة والقدرات الرياضية والعلوم بمختلف الفروع فهنالك ضعف عام نتج عن عدة عوامل اقتصادية وثقافية وسياسية، وبالرغم من الجهود المبذولة من قبل المعلمين والمشرفين ومؤسسات الدولة الا انها لم تحقق النتائج المرجوة، و لرأب الصدع وانقاذ ما يمكن انقاذه واللحاق بالركب، لزم أن يكون هناك علاج لمختلف العوامل المؤثرة، ومنها نوعية التدريس المقدم للطلاب أي أسلوب التعليم والتعلم، وجعل التدريس فعالا قادرا على إحداث التغيير المطلوب.

تعاريف للتدريس الفعال:

هو ذلك النمط من التدريس الذي يفعل من دور الطالب في التعلم فلا يكون الطالب فيه متلق للمعلومات فقط بل مشاركا وباحثا عن المعلومة بشتى الوسائل الممكنة.

وبكلمات أكثر دقة هو نمط من التدريس يعتمد على النشاط الذاتي والمشاركة الإيجابية للمتعلم والتي من خلالها قد يقوم بالبحث مستخدما مجموعة من الأنشطة والعمليات العلمية كالملاحظة ووضح الفروض والقياس وقراءة البيانات والاستنتاج والتي تساعده في التوصل إلى المعلومات المطلوبة بنفسه وتحت إشراف المعلم وتوجيهه وتقويمه.

ويقول نيفل جونسون في حديثه عن الفعال... من المتوقع من التدريس الفعال أن يربي التلاميذ على ممارسة القدرة الذاتية الواعية التي لا تتلمس الدرجة العلمية كنهاية المطاف، ولا طموحا شخصيا تقف دونه كل الطموحات الأخرى انه تدريس

يرفع من مستوى إرادة الفرد لنفسه ومحيطه ووعيه لطموحاته ومشكلات مجتمعه وهذا يتطلب منه أن يكون ذا قدرة على التحليل والبلورة والفهم ليس من خلال المراحل التعليمية فقط ولكن مستمرة ينتظر أن توجدها وتنميها المراحل التعليمية التي يمر من خلالها الفرد.

وقال كولدول... إن التدريس الفعال يعلم المتعلمين مهاجمة الأفكار لا مهاجمة الأشخاص. وهذا يعني أن التدريس الفعال يحول العملية التعليمية التعلمية إلى شراكة بين المعلم والمتعلم.

ويمكننا أن نعرف التدريس الفعال بأنه ذلك النمط من التدريس الذي يؤدي فعلا إلى إحداث التغيير المطلوب أي تحقيق الأهداف المرسومة للمادة سواء المعرفية أو الوجدانية أو المهارية، ويعمل على بناء شخصية متوازنة للطالب.

علاقة التدريس الفعال بطرق التدريس:

إن اختيار الطريقة المناسبة لتدريس الموضوع لها أثر كبير في تحقيق أهداف المادة وتختلف الطرق باختلاف المواضيع والمواد وبيئة التدريس، وعموما كلما كان اشتراك الطالب أكبر كلما كانت الطريقة أفضل،ومن طرق التدريس التي ثبت جدواها على سبيل المثال وليس الحصر في التعليم العام ما يلي:

1. الطريقة الحوارية.
2. الطرق الإستكشافية والإستنتاجية.
3. عروض التجارب العملية
4. التجارب العملية.
5. إعداد البحوث التربوية المبسطة.
6. طريقة حل المشكلات.
7. الرحلات العلمية العملية والزيارات.

8. طريقة المشروع.

9. طريقة الوحدات الرئيسية.

دور المعلم في التدريس الفعال:

دور المعلم كبير وحيوي في العملية التربوية والتعليمية، ويجب أن يبتعد عن الدور التقليدي الإلقائي، وأن لا يكون وعاء للمعلومات بل إن دوره هو توجيه الطلاب عند الحاجة دون التدخل الكبير، وعليه فإن دوره الأساسي يكمن في التخطيط لتوجيه الطلاب ومساعدتهم على إعادة اكتشاف حقائق العلم.

وكمثال توضيحي لنفترض أن معلما سيدرس في مادة العلوم للمرحلة الابتدائية العوامل التي يحتاجها النبات لينمو فالطريقة التقليدية الإلقائية أن المعلم سيخبرهم عن حاجة النبات للضوء والماء والتربة الصالحة والهواء وينتهي الموضوع في أقل من عشر دقائق، ولكن لن يكون له تأثير حقيقي على معلومات الطلاب أو سلوكه، بينما في التدريس الفعال سيطرح المعلم على الطلاب السؤال التالي ما هي حاجات النبات أو ما لعوامل الضرورية للإنبات أو نحو ذلك، ويترك الإجابة ليبحث عنها الطلاب ويقترح عليهم التجريب ويترك الفرصة للطلاب ليصمموا التجربة بشكل حواري جماعي أو فردي في الفصل ويشجع الطلاب على ذلك، وفي نهاية الحصة الدراسية يكون الطلاب قد اتفقوا على طريقة تنفيذ التجربة ووزعوا الأدوار بينهم في إجراء التجربة ومتابعتها وكتابة التقرير الذي سيستنتجون منه في النهاية معرفة حاجات النبات، وليكتشفوا الحقائق العلمية المتعلقة بالموضوع، ومن العوائد التربوية من هذا كله نجد ما يلي:

1. تدرب الطلاب على الأسلوب العلمي في التفكير.

2. تدرب الطلاب على أسلوب الحوار والمناقشة المنظمة.

3. اكتساب الطلاب للمهارات العملية المتعلقة بالتجربة.

4. تعلم الطلاب أسلوب كتابة التقارير العلمية.

5. تكون مهارة الاتصال، وشرح الفكرة العلمية للآخرين بطريقة مقنعة.

دور مدير المدرسة حيال التدريس الفعال:

مدير المدرسة يهمه كثيرا أن تقدم مدرسته أفضل أساليب التعليم والتدريس وعليه حث معلميه لاستخدام أفضل الأساليب التربوية لتعليم الطلاب، و أن يعمل جاهدا على التأكد من قدرات المعلمين ومهاراتهم والعمل على تطويرهم وتذليل الصعوبات التي قد تواجههم،والتنسيق بينهم وبين الإدارة التعليمية والمشرفين الذين قد ينفذون بعض الفعاليات في المدرسة أو غيرها بهدف رفع كفاية المعلمين وتنفيذ خطة إشرافية تساعد المعلمين على أداء العمل بجودة تربوية مناسبة، كما يلزم أن يكون المدير (الناظر) هو قدوة لمعلميه في تدريسه ليقدم نموذجا يحتذي به بقية المعلمين، وعليه أن يضطلع ببعض الحصص التدريسية حسب تخصصه وأن ينمي مهارته في التدريس الفعال ويدرب معلميه عليها، أما المدير الفني الذي لا يستطيع أن يقدم تدريسا فعالا، فلا يستحق أن يكون مديرا للمدرسة، ولا يرجى منه أو من عموم معلميه تربية صحيحة، ففاقد الشيء لا يعطيه. وهذه دعوة لجميع مديري المدارس بالاضطلاع بمسؤلياتهم تجاه معلميهم لينعكس هذا ايجابا على أبنائهم الطلاب.

دور المشرف التربوي في التدريس الفعال:

المشرف التربوي هو مهندس العملية التربوية والتعليمية وعليه تقع عملية التخطيط للطرق الفنية والتربوية الفضلى لتنفيذ المنهج المدرسي في المدارس، فمن خبرته يستمد المعلمون الطرق والأساليب التدريسية الفعالة وعليه أن يتيح لهم الفرصة ليشاركوه في التخطيط لها وتنفيذها على أرض الواقع في المدارس مع أبنائهم الطلاب.

ولتحقيق ذلك يتوجب على المشرف التربوي وضع خطة إشرافية في بداية العام الدراسي لتغيير المسار التقليدي والطرق التقليدية الإلقائية وجعل التدريس فعالا، فالتدريس الفعال يحتاج أيضا إلى توجيه وإشراف فعال.

الانضباط التعاوني

ان المعلم الناجح يدرك أهمية دوره في عملية النهضة القادمة للأمة الإسلامية ويعمل على إعادة بناء نفسه وتوسيع مداركه ويحتاج لبنى تحتية كثيرة في دراسة السلوك ومنشأه وطريقة تغيره أو تطويره والآن:

كيف يمكن المعلم الاجابة عن هذه الاسئلة ؟

- لماذا يرتكب الطلاب مخالفات سلوكية ؟

- كيف يمكننا أن نقنعهم بأن يتوقفوا عما يفعلونه ؟

- ما هي أساليب التدخل التي يتعين علينا استخدامها لحظة حدوث السلوك غير المقبول؟

- كيف نعزز السلوك المقبول؟

- كيف نكون مناخا صفيا تعاونيا يقلل من السلوكيات المزعجة ويمنع سلوكيات العنف ؟

- كيف نتجنب المواجهات الحادة مع الطلاب،وكيف نحل المنازعات بشكل تعاوني؟

- كيف نستخدم التشجيع لبناء الاحترام المتبادل وتقدير الذات لدى الطلاب؟

- وأخيرا كيف نشرك الزملاء والمديرين والأهل والطلاب في عملية الانضباط؟

لا ريب أن مثل هذه الأسئلة تدور في ذهن كل معلم يحرص على أن يؤدي عمله التعليمي والتربوي بأقل عدد ممكن من المشكلات، ولا ريب أن الصف الذي يفتقر إلى عنصر الانضباط وتكثر فيه المشكلات والمواجهات الحادة، لا يمكن أن يحقق الأهداف التعليمية التي يحددها له المنهاج مهما كان المعلم بارعا في مادته وأساليبه التعليمية.

ومن الضروري يركز المعلم على أهمية الانضباط الصفي في تحقيق الأهداف التعليمية ويتناوله من حيث أنه عملية تعاونية يشترك فيها المعلم والطالب والزميل والأهل، هو بمثابة البلسم الشافي لهذه العلل وغيرها مما يواجه المعلمين، وهو يعتمد على وضع استراتيجيات تدخل وتشجيع إضافة للعمل مع جميع الطلاب، تعليمات لوضع لائحة سلوك صفية وإجراءات لحل المنازعات والعديد من الاستراتيجيات لإشراك الطلاب والأهل وغيرهم في عملية الانضباط مع تركيز على الوقاية من العنف والعصابات.

سوف لا يتذكر المتعلمون دائما مانعلمهم، ولكنهم لن ينسو أبدا طريقة معاملتنا لهم.

أساسيات السلوك:

1. السلوك يقوم على الاختيار.
2. الحاجة إلى الانتماء.
3. الأهداف الأربعة للسلوك (الاهتمام، القوة،الانتقام، تجنب الفشل).

إذا أراد المعلم أن يكون فاعل مع جميع طلابه أن يبدأ في فهم مفاهيم السلوك الثلاثة الاساسية

أولا: الاختيار، الاختيار، الاختيار

يشير علماء كثيرون إلى أن ثمة تفسيرات للسلوك تقوم على أساس من تجارب الطفولة أو الاحتياجات الغريزية أو الوراثية أو ا لبيئة أو الاستجابات الشرطية.

نحن كمعلمين لا يمكننا أن نعود إلى ماضي طالب ما لإصلاح خطأ ما. كما لا نستطيع تغير حياة طالب ما خارج المدرسة. لكن فهم أن السلوك أساسه الاختيار يمكن أن يوفر لنا قوة تأثير استراتيجية في مواجهته.

هل يمكن للأنظمة والقوانين أن تجعل الطلاب يختارون السلوك الايجابي؟ كنا نتمنى لو كان هذا هو الحال! ذلك أن جميع الطلاب تقريبا يستظهرون قوانين الصف والمدرسة تماما بل ويمكنهم تسميعها إذا ما طلب منهم ذلك.

فمع أن الناس والأحداث والظروف قد تدعو إلى اتباع سلوك معين فإن الدعوة يمكن أن تقبل ويمكن أن ترفض. فالاختيار موجود، وعندما نفهم أن أساس السلوك هو الاختيار يمكننا عند ئذ أن نبدأ بالتأثير على قرارات الطالب المتعلقة بسلوكة.

فالتغيير يبدأ عندنا، نحن بحاجة إلى أن نتعلم كيف نتفاعل مع الطلاب بحيث يصبحون راغبين في اختيار السلوك السليم وإطاعة القوانين.

إلى أي مدى يعي الطلاب الخيارات التي يتخذونها؟ لا أحد يعرف بشكل مؤكد.

ومع ذلك فقد تم مقابلة عشرات من طلاب المرحلة الثانوية أمام مجموعات كبيرة من المعلمين، حيث كان يطلب منهم أن يحددوا الصفوف التي يتصرفون فيها بشكل مناسب،والصفوف التي يسيئون فيها التصرف، لقد كان هؤلاء الطلاب الذين يتعرضون في أغلب الأحيان لإجراءات عقابية ويحولون إلى غرفة الإدارة وحتى يحرمون من الدراسة مؤقتا، لقد كانوا واعين تماما بأنهم يسيطرون على اختيارهم ويحددون الظروف التي تؤثر عليهم.

يملك جميع الطلاب الإمكانية للتوجه نحو خيارات سلوكية إيجابية

العوامل الرئيسة التي تؤثر على الاختيارات

1. توقعات المعلم
2. أساليب إدارة الصف
3. استجابة المعلم للسلوك غير المقبول.

توقعات المعلم :

يقوم الانضباط التعاوني على افتراض يقول بأن جميع الطلاب لديهم القدرة على التحول نحو خيارات سلوكية أكثر إيجابية وعلى أن يصبحوا أشخاص مسئولين في المجتمع المدرسي، وهذا صحيح بغض النظر عن موروث الطلاب، خلفيتهم، جنسهم،عرقهم، أو مستوى عملهم الحالي.

تشير الأبحاث والخبرة إلى أن ((ماتتوقعه هو ما تحصل عليه)) فالمعلمون الذين يتوقعون أن جميع طلابهم يمكنهم أن يتعلموا ستكون لديهم صفوف مليئة بطلاب ناجحين ويتطلعون إلى التعلم.

وعلى نحو مماثل، فإن المعلمين الذين يتوقعون أن جميع الطلاب يستطيعوا أن يتخذوا خيارات سلوكية إيجابية يميلون إلى إيجاد صفوف يكون فيها السلوك المناسب هو القاعدة وليس الاستثناء.

إن الطريقة التي ننظر فيها إلى الطلاب الذين يسيئون التصرف تؤثر على توقعاتنا،فإذا نظرنا لهم كطلاب ((سيئين)) لديهم ((خطأ)) ما، فإننا نميل إلى عدم توقع تحسن كبير لديهم، وعندما نرى في ملفاتهم التراكمية تاريخا طويلا من المشكلات السلوكية،فإنه يبدوا أن توقعاتنا المتدنية تتأكد، وربما نميل إلى الاعتقاد بأنه من المستحيل أن نعلم هؤلاء الطلاب ليتخذوا خيارات إيجابية.

يمكننا أن نرفع من توقعاتنا بأن نصف الطلاب الذين يسيئون التصرف كطلاب لديهم صعوبة في الاختيار. بمعنى أن قدرتهم على اختيار السلوك المناسب لم تكتمل بعد. وإذا ما فهمناهم بهذه الطريقة، فإن التحدي الذي أمامنا يصبح شبيها بالمهمة التي نواجهها في مساعدة الطلاب الذين لديهم صعوبات في القراءة أو الكلام. ونقوم بمعالجة صعوبة الاختيار من خلال اتباع طريقة فردية مع كل طالب حيث نختار أساليبنا وموادنا بناء على الحاجات التي يظهرها.

أساليب إدارة الصف

تتأثر الخيارات السلوكية التي يتخذها الطلاب إلى حد كبير بالأسلوب الـذي نختار استخدامه لإدارة صفوفنا وهذه الأساليب هي:

أسلوب رفع الأيدي (المتساهل)

أثبتت التجارب أنه في ظل عدم وجود حدود واضحة وتدخل فـوري فاعـل مـن جانب المعلم عند حدوث مخالفة أن العديد من الطلاب يتجاوزن الحـدود ويستمرون في اختيار السلوك غير المقبول، وغالبا المعلمون الذين تبنوا أسلوب رفـع الأيـدي يـردون على أسلوب وضع الأيدي (الفردي المستبد) غيـر مـدركين بأنـه يوجـد بـديل أخـر أكـثر فاعلية.

أسلوب وضع الأيدي (المستبد)

عنما يسيء الطلاب التصرف ويبدوا أن الصف على وشك أن يخرج عن السيطرة فإن أسلوب وضع الأيدي يمكن أن يبدوا مغريا للغاية

لماذا لا (نجعل) الطلاب يتصرفون بشكل مناسب ؟

أليس الانصياع للقوانين التي نضعها أفضل من الفوضى والإزعاج الـذي يتعـارض مع التعليم ؟

ما الخطأ من أن أطلب من الطلاب أن ((يفعلوا شيئا ما لأنني أقول ذلك)) وأنـا أتوقع منهم أن ينصاعوا لذلك ؟

وبرغم كل شيء، فإن العديد منا تتلمذ على معلمـين استخدموا هـذا الأسـلوب، وبدا أنه ناجح. وفي الحقيقة، فإن الكثير منا استخدم أسلوب وضع الأيدي وربما وجـدنا أنه كان ناجحا نسبيا. وعليه، فما هو الخطأ في أسلوب وضع الأيدي ؟

لمـاذا لا نسـتطيع أن نسـتمر في اسـتخدام أسـاليب فرديـة اسـتبدادية لضبط الطلاب؟

لان الطلاب الأكثر إزعاجا في صفوفنا يختارون أسوأ سلوكياتهم عندما يواجهون معلمين يستخدموا أسلوب وضع الأيدي في إدارة الصف، حيث يواجهون ويتمردون ويفسدون جهود المعلم التي يبذلها للحفاظ على النظام في الصف.

وبكلام أحد طلاب المرحلة الثانوية ((ليس هناك معلم يستطيع أن يجبرني على شيء إذ إنني أستطيع أن أجعله يشعر بالتعاسة أكثر مما أشعر أنا)) وعلى نفس الأهمية، إن لم يكن أهم، فإن نفس هذا الطالب تصرف بشكل تعاوني مع معلمين آخرين استخدموا أسلوب مختلفا عنه.

لا تستطيع أن تصافح الآخرين بيد مقبوضة.

* أسلوب تضافر الأيدي (الديمقراطي)

معظم الادارين مروا بتجربة نقل طالب ما من صف المعلم (أ)،حيث كان الطالب يرسل إلى مكتب الإدارة كل يوم، إلى صف المعلم(ب)، والذي لا يواجه نفس الصعوبات مع الطالب.

والتفسير العادي لذلك هو أن هناك ((صراعا شخصيا)) بين الطالب والمعلم (أ). غير أن التفسير الحقيقي لذلك هو أن المعلم (أ) يستخدم أسلوب وضع الأيدي في الإدارة الذي يؤثر على الطالب ويدفعه لاختيار سلوكيات غير مقبولة، في حين أن المعلم (ب) يستخدم أسلوب تضافر الأيدي الذي ينطوي على تأثير معاكس.

ماهي الجاذبية السحرية الموجودة في أسلوب تضافر الأيدي ؟

لماذا تستخدم المدارس الناجحة هذا الأسلوب ؟

إنها تستخدمه لسبب واضح وبسيط هو: أن الأبحاث والخبرة أثبتت أنه عندما يعامل الطلاب باحترام كصناع قرار لهم الحق في الاختيار والمشاركة في تخطيط تعليمهم، فإنهم يتصرفون بتعاون أكثر ويحرزون تحصيلا أكاديميا أفضل .من نواح عديدة أسلوب تضافر الأيدي في إدارة الصف هو عملية اتخاذ قرار تتم على مستوى الصف ونحن نعرف بأن المدارس الفاعلة هي الصفوف التي يشترك المعلمين في

عملية اتخاذ القرار، والصفوف الفاعلة هي الصفوف التي يشترك فيها الطلاب أيضا في عملية اتخاذ القرار وبذلك يتأثرون بقوه مما يجعلهم يتحملون المسؤولية ويختارون سلوكا تعاونيا.

والآن لنتكلم عن استجابة المعلم للسلوك غير المقبول

عندما يسيء الطلاب التصرف، فإنه من الطبيعي بالنسبة للمعلمين أن يشعروا بالانزعاج والغضب، فبرغم كل شيء، فقد تم تشتيت انتباهنا عن العمل الذي تعاقدنا على تنفيذه – التعليم – كما أن ثقتنا بقدرتنا على الحفاظ على صف منظم تصبح مهددة.

إن الطريقة التي نتعامل بها مع هذه المشاعر وردنا على السلوك غير المقبول تؤثر إلى حد كبير على ما سيفعله الطلاب لاحقا.

وفي حين لا نستطيع أن نجبر الطلاب على التصرف بطرق معينة، إلا أننا يمكن أن نضبط أنفسنا وتصرفاتنا، ومن المهم أن نبقى غير متأثرين ونتبنى موقفا جديا عندما نواجه سلوكا غير مقبولا، فهدوؤنا ولغة جسمنا الدالة على الاسترخاء مع نبرة صوتنا الحازمة تنقل رسالة للطلاب تفيد بأننا نتحمل مسؤولية أنفسنا والموقف الحاصل. زمن هذه النقطة يمكننا أن نبدأ ببناء صف يسوده أسلوب تضافر الأيدي ويضم طلابا مسؤولين ومتعاونين.

ثانيا: من أساسيات السلوك الحاجة إلى الانتماء

يعيش الناس في تجمعات اجتماعية في البيت والمدرسة ومكان العمل، ولا يمكنهم البقاء بمعزل عن بعضهم البعض، ولأن الطلاب يمضون ست ساعات على الأقل ست ساعات على الأقل يوميا، فإن قدرتهم على إيجاد مكان مرض في المجموعة الصفية أمر بالغ الأهمية.

ماذا نعني بالانتماء

الانتماء أكثر من مجرد احتلال مكان مادي في غرفة الصف، فالحاجة إلى الانتماء تعود إلى حاجة الطلاب النفسية والعاطفية القوية إلى الشعور بالأهمية والجدارة والتقدير، فكما أن تلبية الحاجة إلى التنفس أساسية لصحة أبداننا كذلك تلبية الحاجة إلى الانتماء أساسية أيضا لصحتنا النفسية.

وبالنظر إلى التركيبة المختلفة للصفوف المعاصرة، فإنه يصبح في غاية الأهمية أن نوجه اهتمامنا إلى الحاجة إلى الانتماء، فمن السهل جدا على أعضاء مجموعات الأقلية أن يشعروا بأنهم معزولون عن التيار الصفي الرئيسي وأن يكونوا اتجاهات غير منتجة وسلوكيات مزعجة نتيجة لذلك.

حتى وجود العنف قد يكون دافعه الحاجة إلى الانتماء، إذ إن معظم أعضاء العصابات يقولون بأن انحرافهم وانضمامهم للعصابات يرجع إلى الجو الأسري الذي توفره.

أهمية المتطلبات الثلاثة:

المقدرة، إقامة الاتصالات، الإسهام

يحتاج الطلاب كي يشعروا بانتماء قوي في المدرسة إلى تلبية ثلاث متطلبات،يحتاجون إلى الشعور بأنهم قادرون على إتمام المهمات بطريقة تتواءم مع معاير المدرسة، ويحتاجون إلى الاعتقاد أو الثقة بأن باستطاعتهم إقامة اتصالات مع معلميهم وزملائهم في الصف بنجاح، ويحتاجون لمعرفة أنهم يسهمون في أعمال المجموعة بصورة ذات شأن.

يسعى الطلاب إلى تلبية المتطلبات الثلاث بالطريقة التي تبدوا لهم منطقية أكثر من غيرها في ذلك الحين، وإذا ما اعتقدوا بأنهم غير قادرين على تحقيق المقدرة أو الاتصال أو الاسهام بالسلوك القويم فسيحاولون تحقيق هدفهم (الانتماء) بالسلوك

غير المقبول، وهناك ثلاث عوامل تؤثر على مقدرة الطالب على تلبية المتطلاب الثلاث داخل الصف:

1. نوعية العلاقة بين المعلم والطالب.

2. مدى قوة المناخ السائد في الصف لتحقيق النجاح.

3. مدى ملائمة البنية الصفية.

عندما نعترف بهذه الحاجة إلى الانتماء نكون على الطريق السليم لمساعدة الطلاب في اختيار السلوك القويم لتحقيق مكانتهم الخاصة في الصف.

التشجيع هي أقوى أداة نمتلكها

يستفيد المعلمون عندما يستخدمون التشجيع في صفوفهم،فكلما شجعنا الطلاب أكثر قل اختيارهم للسلوكيات غير المقبولة، لماذا؟ لأنهم ليسوا بحاجة في هذه الحالة لإساءة السلوك لجعلنا ننتبه إليهم.

التشجيع وتقدير الذات

تقول لنا الأبحاث في مجال التعليم إن الطلاب الذين لديهم تقدير صحي مرن لذواتهم يقدمون تحصيلا تعليميا أفضل ويسببون مشاكل سلوكية أقل بكثير من الطلاب الذين يفتقرون لتقدير الذات، ولذا من المفيد لنا كمعلمين أن نعمل كل ممكن لزيادة تقدير الذات لطلابنا، ولحسن الحظ أن عملية التشجيع تعزز تقدير الذات.

التشجيع ومنع العنف

إن عدم تلبية الاحتياجات يؤدي إلى الغضب والإحباط والشعور بالعجز، وغالبا ما تنفجر مثل هذه المشاعر لدى الشباب الصغير- وخاصة أولئك الذين لم يتعلموا مطلقا مخارج سليمة لتلك المشاعر، وكلما استخدمنا التشجيع أكثر لتلبية حاجات

الطلاب الأساسية النفسية والعاطفية، قل عدد الانفجارات التي سنواجهها في غرفة الصف.

التشجيع للجميع

يجب، أن يقدم التشجيع لكل واحد ... إن المعلمون يحتاجون على وجه الخصوص لجرعة كبيرة من التشجيع كل يوم، فالتحديات اليومية التي نواجهها تتطلب شجاعة غير عادية وتفانيا والتزاما.

والتشجيع هو بمثابة الشمس التي تدخل الدفء على قلب كل عضو في المدرسة، إنه مجاني وصحي كما أنه لا يسمن.

وكلما قدمت تشجيعا زادت الفائدة التي تحصل عليها، ولذا توسع في استراتيجيات المتطلبات الثلاثة إلى خارج جدران صفك لتصل إلى الزملاء والإداريين والأهل والأصدقاء والأسرة، واستمتع بالتشجيع الذي تحصل عليه بالمقابل، واستخدمه في تعزيز نفسك لكي تستطيع بالمقابل أن تعزز طلابك الذين تمس حياتهم كل يوم.

تطوير اساليب التقويم

وعند تطوير المناهج وممارسات التدريس لا بد من تطوير اساليب التقويم، ويشتمل على ما يلي:

1- الاطار النظري ويشتمل على معلومات حول اهداف التقويم وتعريفات لمفاهيم التقويم، والتقييم، والتقارير.

2- التقويم الواقعي: وهو تقويم يهتم بجوهر عملية التعلم، ومدى امتلاك الطلبة للمهارات المنشودة؛ بهدف مساعدتهم حميعا على التعلم في ضوء محكات أداء مطلوبة.

3- استراتيجيات التقويم وتضم استراتيجيات التقويم المعتمد على الأداء، والملاحظة، والتواصل، ومراجعة الذات، والقلم والورقة.

4- أدوات التقويم وتضـمنت أدوات قائمـة الرصـد، وسـلم التقـدير، وسـلم التقدير اللفظي، وسجل التعلم، والسجل القصصي.

استراتيجيات التقويم: Assessment Strategies

1- التقويم المعتمد على الأداء: (Performance - based Assessment)

وتتطلب هـذه الاسـتراتيجية مـن الطـالب توضيح تعلمـه مـن خـلال توظيـف مهاراته في مواقف حياتية حقيقية، أو مواقـف تحـاكي المواقـف الحقيقية مثـل التقويم المعتمد على الأداء، الحديث، المعارض، ولعب الأدوار.

2- الملاحظة: Observation :

وهي عمليـة مشـاهدة الطـلاب وتسـجيل المعلومـات لاتخـاذ قـرار في مرحلـة لاحقة من عملية التعليم والتعلم، ويمكن استخدام ادوات: قائمة الرصد، سلالم التقدير، والدفاتر الجانبية واليومية في الملاحظة.

3- التواصل: Communication:

وهو لقاء مبرمج بين المعلم والمتعلم لتقويم التقـدم لـدى الطالـب في مشـروع معين ويكـون التركيـز عـلى مـدى التقـدم إلى تـاريخ معـين ومـن ثـم تحديـد الخطوات اللاحقة.

4- مراجعة الذات: Reflection :

وتشتمل يوميات الطالب، وملف الطالب، التقويم الذاتي.

5- الورقة والقلم: (Pencil and Paper)

وتمثل الاختبارات الكتابية بكافة انواعها وانماطها.

أدوات التقويم/ طرائق تسجيل معلومات التقويم:

1- قائمة الرصد Checklist وتشمل قائمة من الافعال التي يرصدها الطالب أو المعلم أثناء التنفيذ.

2- سلم التقدير Rating scale ويظهر مدى اتقان الطالب لمهارات ما وفق سلم رقمي.

3- سلم التقدير اللفظي: Rubric ويشمل سلسلة من الاوصاف المختصرة التي تبين مستوى اداء الطالب، وتشبه سلم التقدير مع زيادة في التفاصيل.

4- سجل التعلم Learning log وهو سجل يكتب فيه الطالب ملاحظاته أثناء دراسته بشكل منتظم.

5- السجل القصصي Anecdotal recons وهو وصف قصير لما يفعله الطالب في مواقف تعليمية تعلمية ما.

مقومات جودة المعلم الناجح

لعل من الضروري أن يقف المعلم وقفة مع نفسه يقيم أداءه وسلوكه مع الطلاب ومدى انصياعه لأوامر الحق تبارك وتعالى مستهديا بالآية الكريمة" وكل إنسان ألزمناه طائره في عنقه ونخرج له يوم القيامة كتابا يلقاه منشورا، اقرأ كتابك كفى بنفسك اليوم عليك رقيبا"

أليس هذا التوجيه الإلهي العظيم أفضل أسلوب لتقييم الأداء ذاتيا؟ ألا يشير هذا التوجيه إلى أهمية أن يبادر الإنسان بمحاسبة نفسه وتقييم تصرفاته وتصحيحها استجلابا لرحمة الله وغفرانه؟

لذلك يجب أن يتصف المعلم بالصفات التالية:

- أن يكون حيويا.. متفائلا.. بشوشا.

- أن يكون جادا ومخلصا في عمله.

- أن يكون واثقا من معلوماته ومعرفته في المادة العلمية.

- أن يكون نشيطا مع طلابه في اعطاء وأداء عمله.

- أن يكون مبدعا في أفكاره وطرقه.

- أن يكون مرنا في سلوكه واضحا في شرحه وحيويا في حركاته.

- أن يكون مبادرا في اقتراحاته ومجددا في آرائه.

- أن يكون متحمسا لعمله ودقيقا في إعطائه للمعلومة.

- أن يكون أنيق الملبس والمنظر.

- أن يكون منظما في سلوكه داخل الصف وخارجه.

- أن يكون قاضيا عادلا في حكمه على مدى مساهمة وجهود الطلاب.. أي مقيما جيدا لأعمالهم.

- أن يكون دليلا للطالب في كيفية اكتساب المعرفة والمهارات .

- أن يكون مصدرا للمعرفة وطرق اكتسابها.

- أن يكون منظما وضابطا لنشاطات الصف.

- أن يكون طبيبا يشخص احتياجات ورغبات ومشاكل التعلم وأساليب اكتساب المعلومة عند الطلاب.. فهو يقيم تقدم الطلاب بشكل افرادي أو جماعي ويساعدهم على تطوير إستراتيجيات إيجابية للتعلم.

- أن يكون مخططا يضع خططا لحل مشاكل تعلم الطلاب ويختار نشاطات ومواد تعليمية تساعد على تحقيق التعلم العميق عند الطلاب.

- أن يكون مديرا يعزز مشاعر التعاون والعمل الجماعي والثقة والمحبة بين الطلاب.. وذلك بتنوع نماذج التفاعل بين الطلاب داخل الصف وفقا لأهداف محددة ومناسبة لطبيعة ومشاعر الطلاب.

- أن يكون مؤمنا بمبدأ التعليم والتعلم العميق ورافضا لمبدأ التعليم والتعلم السطحي.

- أن يكون على اطلاع بما يستجد في مجال تعليم وتعلم مادته العلمية.

- أن يكون مهتما بتطوير نفسه عندما تتاح له الفرص.

- أن يكون ذا صدر رحب في تقبله للنقد البناء وأن يعمل على تحسين وتطوير

قدراته ومهاراته.

- أن يكون ملما بمهارات الحاسوب.. أي أن يكون حاصلا على شهادة قيادة الحاسوب (ICDL).

- أن يستخدم استراتيجيات التعليم المذكورة سابقا.

- أن يستخدم استراتيجيات التقويم المذكورة سابقا.

مقالات تربوية

أ.د. فائق مصطفى / نحو نظام تعليمي معاصر

كلنا نعرف أن التعليم هو احد العلامات الرئيسة لرقي الامـم ونهضتها. يقول
احمد امين "أن هناك مناحي للحياة مختلفة متعددة يجب أن ينظر اليهـا كلهـا لتقـويم
الرقي، ففي كل امة مجموعة من المرافق، يعد كل مرفق منها كالخلية في الجسم الحـي،
من حكومة وتعليم ولغـة وديـن واسرة ونظام اقتصادي..، ولم تنهض أمـة في العصر-
الحديث الا بعد أن تقدم وتطور نظامها التعليمي والتربوي بمراحلـه الثلاث الابتدائيـة
والثانوية والجامعية، مثل اليابان التي صارت في طليعـة دول العـالم علميا واقتصاديا
بسبب تطور نظامها التعليمي القائم على سـمات خمـس هـي – كـما يلخصها الخبير
التربوي السوري محمود السـيد – الاهتمام بالطفولـة المبكرة، والحرص عـلى التفـوق،
والتقدير الكبير للمعلمين، والاهتمام بالتعليم الفني، والربط بين التعليم والتدريب. لكن
اللافت للنظر في المؤتمر هو قصره على قضية واحدة هي المنـاهج الدراسـية، في حـين أن
مؤتمرات التعليم التي تعقد، عادة ما تبحث قضايا التعليم كلها مجتمعة، او أغلبها نظرا
لارتباط قضايا التعليم بعضها مع بعض. حتى هذه القضية الواحدة (المناهج) لم تبحـث
كل شؤونها وتفاصيلها، وأهمها فلسفة التعليم وأهدافه التي تعكسها المناهج الدراسية،
واساليب التدريس التي تنتقل بوساطتها المقررات الدراسية الى الطلبـة. فلسفة التعليم
وأهدافه: اذا كأن تقرير (روبنز) – وهو أهم تقرير حول التعليـم العـالي ظهـر في القرن
العشرين – حدد أهداف التعليم العالي على النحو الآتي:

1- اعطاء التدريب في المهارات المناسبة لكي تلعب دورها في تقسيم عام للعمل.

2- أن يقوم التدريس بطريقة تساعد على تنمية قوى العقل العامة.

3- أن يقدم التعليم العالي بالتعاون مع العائلة ارضية مـن العـادات الاجتماعيـة
والحضارة التي لا يستغني عنها اي مجتمع صحيح البنية، فأن

اهم الاهداف التي ينبغي أن يحققها التعليم العالي في كردستان - فضلا عن هذه الاهداف الثلاثة - هي ما يأتي:

1-جعل المعرفة العلمية اداة للتنمية في القطاعات الاجتماعية والزراعية والصناعية والاسهام في معالجة مشكلات المجتمع.

2-غرس الوعي القومي بالعناية باللغة الكردية وتطويرها، وبالتأريخ والتراث القومي والثقافة والفنون.

3-اشاعة الروح العلمية القائمة على ربط الاسباب بالمسببات والموضوعية في الحكم والتفسير، والتقيد بالواقع في الادراك، وادراك الواقع كما هو يتطلب القضاء على الخرافة بكل مايتصل بها من لواحق واتباع، واعلاء شأن العقل.

4-التوجه الى تعزيز تعلم (الاهتمام) في المناهج والأنشطة والفعاليات، والاهتمام - كما يقول محمود السيد " يركز على أن يهتم المتعلم بدراسته وبتفوقه، ويهتم بالمصلحة العامة والمصلحة الوطنية والقومية، ويهتم بالبيئة الطبيعية وبدوره تجاهها فيكون لديه قدر من المعلومات والمعارف البيئية العلمية، اضافة الى أن لديه اتجاهات نحو حمايتها وصونها وترشيد استهلاكها ومواقف ايجابية فعالة تجاهها وافعالا وممارسات يضطلع بها".

5-العناية بنشر الوعي الاجتماعي وهو السلوك الذي ينبغي أن يتحلى به الفرد من حيث هو عضو في مجتمع وعضو في امة، فكل أنسأن له شخصيتان: شخصية فردية وعليه ازاءها واجبات فردية، وشخصية اجتماعية وعليه ازاءها واجبات اجتماعية.

6-التركيز على اشاعة السلوك الديمقراطي وقيم التسامح والاعتراف بالاخر...الخ. اساليب التدريس: لقد أن الأوان لتغيير اسلوب التدريس

التقليدي القائم على التلقين والاملاء والغاء دور العقل والتفكير في التربية.
يرى خبراء التربية" أن هذا الاسلوب من التعليم هو اسلوب استغلالي،
اذ أن المعلم هو المسيطر على كل شيء، وهو الذي يعرف كل شيء
وينقل هذه المعرفة الى طلابه الذين يستقبلونها حفظا واسترجاعا، كما
أن هذا الاسلوب من التعليم يؤدي الى تغريب المتعلمين واستعبادهم
نتيجة جهلهم، مما يبرز وجود المعلم وسيطرته وقهره لهم من اجل أن
يحفظوا المعرفة الصحيحة التي يلقنها لهم والتي لا نقاش فيها".

والاسلوب الحديث في التدريس يسميه خبراء التربية (الاسلوب الموازي) في
التعليم، "ذلك الاسلوب الذي يقوم على المشاركة والمناقشة، وهو اسلوب يناهض
الاسلوب الاحادي الذي تنقل فيه المعرفة من المعلم الى التلميذ لا عن طريق آخر، اذ أن
الاسلوب الموازي الذي تطرح فيه المشكلات للمناقشة، يجعل من العملية التعليمية
نشاطا حيا يشارك فيه الطرفأن المعلم والمتعلم في الوصول الى الاحكام والحقائق
والنتائج، مما يفجر الطاقات ويطلقها، ويحفز على التفكير الايجابي الفعال والابداع
والابتكار".

وقفة حيرة وتأمل وتعجب

يجب أن نقف وقفة طويلة وننظر ونتساءل ونستعجب لماذا رغم كل التقدم
التكنولوجي وتطور المنهاج وتوفر الوسائل التعليمية المختلفة ورغم كل الإمكانات التي
نوفرها لأبنائنا الطلبة من حرية التعبير وقوانين تقف الى جانبه يوجد هناك تدنيا
ملحوظا في تحصيل الطلبة ويزداد هذا التدني من سنة إلى سنة بالإضافة الى وجود
استهتار ملحوظ في عملية التعلم وتدني الدافعية نحو التعلم والضعف الشديد المتفشي-
بين الطلبة بنسبة تكاد تكون ملحوظة بشكل ملفت للنظر وارتفاع نسبة التسرب
المدرسي بالإضافة إلى تفشي السلوكيات الشاذة بين الطلبة من تطاول على المعلمين
والمدراء إلى

التطاول على بعضهم البعض ويبدوا واضحا أن هناك تدني ملحوظ في مستوى الأخلاق والسلوكيات.

فلنقف متأملين ومستغربين ومتسائلين .... ماذا يحدث؟. ما هو الخطأ الذي حصل ليصل طلبتنا الى هذا المستوى من التحصيل والأخلاق؟ من هو المسؤول ؟؟؟؟؟

هل هو المعلم أم الطالب أم المدرسة أم الأهل أم قوانين التربية والتعليم في مجالي الترسيب والعقاب ؟؟

.... لا ادري ولكن هناك نذير شؤم قادم يقول أننا سنواجه أجيالا لن يكون التعليم أو الأخلاق بذي أهمية بالنسبة لها.وسيكون مقياس الاحترام والعيش والحرية على أساس فرض السيطرة والمال البلطجة.

..... فمن كبرى المصائب هو ما نراه على طلبتنا فنكاد نصعق مما نرى ونسمع. فلم يعد هناك هيبة للتعليم ولا لمؤسسة تعليمية فالتطاول طال كل المؤسسات التي لها علاقة بالتعليم حتى مديرية التربية والتعليم.

نحن نواجه أزمة خطيرة في أجيالنا يجب علينا أن نقف عندها وقفة مطولة ومتأملة ونضع أيدينا بأيدي بعضنا لنجد حلا أو حلول مناسبة لهذه المشكلة قبل أن يتفاقم الوضع قد تروني متشائمة أو أنظر بمنظار أسود لما هو عليه الحال الذي وصلت اليه العملية التعليمية ولكن هذا هو للأسف الشديد واقع التعليم الذي وصل اليه طلبتنا الاعزاء.

المعلمة ميسون عبد الرؤوف صوالحة
ماجستير اساليب تدريس علوم
مدرسة طارق بن زياد الاساسية

تؤكد الاتجاهات الحديثة في الدراسات المعنية بطرق التدريس وتطويرها وأبحاث مناهج التربية أن استطالة فترة التعلم تؤدي الي الاسترخاء والخمول الذي من شأنه تأهيل النفس البشرية لمزيد من التباطؤ وإهمال قيمة الوقت وأهميته مما يؤدي الى تخريج الآلاف من الدارسين وهم مصابون بالملل فضلا عن التراخي وعدم الحماس للعمل أو للتجديد لأنهم علي مدار 18 عاما أو يزيد يستيقظون فجأة علي أصوات صارخة وأضواء مبهرة من حولهم تؤكد لهم يقينا أنهم لم يحصلوا علي كفاءة علمية أو عملية تناسب سنوات عمرهم وتواكب حماس الشباب الكامن فيهم. والثابت علي كل الاحوال وفي كل الحضارات أن التعليم من خلال المدرسة والجامعة يعد من أهم روافد الثقافة في المجتمعات النامية تحديدا لأنه يكاد يكون الوسيلة الوحيدة لمطالعة مادة مكتوبة وفكر جديد ومدروس حيث لا مفر من مطالعة هذه المواد الدراسية ومحاولة ترديدها وحفظها ضمانا للحصول علي "الشهادة" التي أصبحت اليوم مجرد ورقة لاتسمن ولا تغني من جوع لأنها ببساطة أصبحت مجرد برواز جميل في صالونات المنازل فضلا عن كونها شهادة "مضروبة" بمعني أنها شهادة كذوب لأنها لا تختبر القدرات والمميزات التعليمية التي حظي بها الدارس او المتعلم وفق نظام تعليمي لا يعتد بالتدريب العملي ولا يعتمد أسلوبا تقويميا حديثا يستطيع من خلاله الوقوف علي مدي ما حصله الدارس من علوم ومعارف فضلا عن تقييم ذكائه وقدراته الفعلية الي جانب عدم مقدرة الدولة علي تعيين الخريجين بهذه الشهادات لعدم توافر أماكن عمل ومؤسسات أنتاج قادرة علي استيعاب هذا الكم الهائل من غير المؤهلين بالتجربة والدراسة العملية الصحيحة لممارسة عمل أنتاجي مفيد. ومن هنا أصبحت ضرورة تقنين اساليب التعليم في بلدنا ملحة وفي غاية الاهمية والخطورة. وذلك لأن التعليم كرافد هام وخطير لتشكيل الوجدان الثقافي للأمم يعد بدوره المحرك الأساسي لنهضة الشعوب وتقدمها. وفي البلدان النامية تزداد الخطورة لأنه يعتبر الرافد الوحيد المشكل للثقافة حيث يغيب التثقيف الذاتي للأفراد نظرا للظروف الاقتصادية تارة وتارة أخري لعدم الوعي بأهمية متابعة مجريات الحياة وأطروحات العالم من حولنا ومشاغباته

المعلوماتية الهامة التي صعدت به علي سطح القمر وجعلت من خريطة العالم قرية صغيرة. وإذا قنعنا أن التعليم في بلادنا هو الثقافة الوحيدة الموجودة بالفعل وإذا تأكدنا أن الثقافة والمعرفة هما مرآة تحضر الأمم وانعكاس واضح لتقدمها في نفس الوقت فأننا أمام قضية خطيرة تستوجب اليقظة والانتباه وتتطلب منا جميعا في المنزل وفي المعاهد التعليمية أن نكرس الوقت والجهد للنهوض بالعملية التعليمية والتثقيفية للأفراد وأن تتوسع في الاهتمام بالمكتبات وطباعة الكتب وجعلها في متناول الجميع ولعل فكرة مهرجان القراءة للجميع كانت رائدة في هذا الشأن الا أنها لا تواكب في أنتاجها اصغر الدول المحيطة بنا حيث تقوم دولة مثل اسرائيل بطباعة أضعاف ما نطبع في مصر والدول العربية كافة من كتب وأنتاج ثقافي. ويجب أن يدرك الفرد في مجتمعنا أنه يعيش في ظلام مادام لا يطالع كتابا أو اثنين في العام مقارنة بمتوسط قراءة الفرد في اسرائيل علي سبيل المثال ايضا والذي يصل الي 52 كتابا في العام تقريبا. ولعلنا نؤكد دوما أن المعاهد التعليمية بما تحمل من مساوئ في المناهج وطرق التدريس وما تستخدم من أساليب عقيمة في التلقين والتحصيل المعرفي والعلمي تعد عامل هدم لأبناء لمجتمع يحاول الصعود لمسايرة عصر الذرة والعلوم التكنولوجية الحديثة ويحاول الاستفادة من علوم العصر وتطبيقاتها المختلفة لتحقيق التنمية بكل أنواعها وفي مختلف مجالاتها. ولعلنا نؤكد من جهة اخرى أيضا أن غياب دور المؤسسات التعليمية في التثقيف ونشر المعرفة كفيل بتغييب الافراد وتغريبهم أكثر وأكثر وجعلهم فريسة للثقافات الاخرى حيث بات واضحا سيطرة الثقافة السمعية وتداول المعلومات المبتورة والمشوهة حتي بين مدعي الثقافة والفكر واصبحنا نستجدي معرفتنا وثقافتنا ونتشبث بالغريب والمفتعل وتتحدث السنتنا لغة لاتعيها عقولنا ولا تهضمها قلوبنا وصرنا نلهث وراء مفردات ومصطلحات وأسماء كتاب ومفكرين نحفظها لنرددها في المنتديات والحوارات لنقول للناس من حولنا أننا مثقفون ومتعلمون ولكن أفئدتنا هواء وعقولنا خربة وضمائرنا حزينة ومتعبة لأننا أهملنا حياتنا حتي في أبسط وأهم مقوماتها الا وهو التثقيف.

الباب الثالث

الملاحق

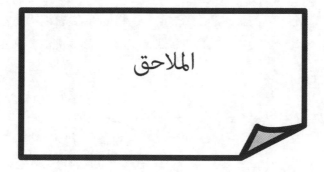

الملحق الأول

نتائج الدراسة الدولية TIMSS 2003
في الرياضيات والعلوم
- الجهة المشرفة على دراسة TIMSS 2003
تشرف على هذه الدراسة الرابطة الدولية لتقييم التحصيل التربوي
The International Association for the Evaluation of Educational
Achievement (IEA)

ومقرها في أمستردام بهولندا
- الهدف من TIMSS 2003
مقارنة تحصيل الطلبة في العلوم والرياضيات في أنظمة تربوية متباينة في
خلفياتها الثقافية والاقتصادية والاجتماعية؛ بهدف معرفة المستوى التحصيلي للطلبة في
تلك البلدان، وقياس مدى تأثير مجموعة من العوامل ذات العلاقة في التحصيل في
العلوم والرياضيات.
- الفئة المستهدفة من الطلبة
تستهدف الدراسة الطلبة من الصفين الرابع والثامن في معظم الدول المشاركة
أو ما يعادلهما وفق النظام المعمول به في الدولة.
- المباحث التي سيشملها الاختبار :
يتم اختبار الطلبة في مبحثي العلوم والرياضيات
- عدد الدول المشاركة في الدراسة :

- شاركت (46) دولة في اختبارات الصف الثامن .

- شاركت (25) دولة في اختبارات الصف الرابع .

- جميع الدول المشاركة في اختبارات الصف الرابع شاركت في اختبارات الصف
الثامن .

- الدول العربية والإسلامية المشاركة في الدراسة

● الدول العربية:

فلسطين، مصر، الأردن، لبنان، السعودية، البحرين، تونس، المغرب .

● الدول الإسلامية:

إيران، ماليزيا، أندونيسيا

- أدوات دراسة TIMSS 2003

كراسات اختبارات التحصيل :

وزعت أسئلة الرياضيات و العلوم على (12) كراسة اختبارية متكافئة، بحيث يجيب كل طالب من أفراد العينة عن كراسة واحدة فقط تكون قد حددت له من خلال توزيع عشوائي، وتحتوي كل كراسة على أسئلة في الرياضيات والعلوم بعضها من نوع الاختيار من متعدد ، وبعضها الآخر من نوع الاستجابة الحرة الذي يتطلب من الطالب إجابة قصيرة أو إجابة مطولة .

اشتملت أسئلة الرياضيات خمسة مجالات من المحتوى:

الأعداد - الجبر - القياس - الهندسة - البيانات.

اشتملت أسئلة العلوم خمسة مجالات من المحتوى:

علم الأحياء - الكيمياء - الفيزياء - علوم الأرض - علوم البيئة.

- مستويات الأداء في دراسة TIMSS 2003

متوسطات أداء طلبة الدول العربية في العلوم وفق مجالات المحتوى:

الدولة	الترتيب عربيا	الترتيب دوليا	متوسط الأداء
الأردن	الأول	26	475
البحرين	الثاني	34	438
فلسطين	الثالث	35	435
مصر	الرابع	36	421
تونس	الخامس	39	404
السعودية	السادس	40	398
المغرب	السابع	41	394
لبنان	الثامن	42	393

متوسطات أداء طلبة الدول العربية في الرياضيات وفق مجالات المحتوى

الدولة	الترتيب عربيا	الترتيب دوليا	متوسط الأداء
لبنان	الأول	32	433
الأردن	الثاني	33	424
تونس	الثالث	36	410
مصر	الرابع	37	406
البحرين	الخامس	38	401
فلسطين	السادس	39	390
المغرب	السابع	41	384
السعودية	الثامن	44	332

الملحق الثاني

نموذج استراتيجة التقويم المعتمد على الأداء

الرقم	الأداء	ممتاز	جيد	مقبول
1-	يستخدم لغة علمية صحيحة واضحة			
2-	يتواصل مع الآخرين لفظيا			
3-	يتواصل مع الآخرين بصريا ، تعابير الوجه			
4-	يشارك أفراد المجموعة في الحوار والمناقشة			
5-	يستمع لأفراد الفريق			
6-	يتقبل آراء الآخرين والاحترام المتبادل			
7-	يتخذ القرارات المناسبة			
8- 9-	ينجز الأعمال المطلوبة منه ملاحظات المعلم			

الملحق الثالث

نموذج إعداد درس - الخطة اليومية

المادة : ....   الموضوع : ....

الصف : ....

الحصة : ....   اليوم : ....   التاريخ : ....

نتاجات التعلم	استراتيجيات التدريس	استراتيجيات التقويم
يتوقع من الطالب أن يكون قادرا على تحقيق الأهداف المرجوة في الحصة	إدارة الصف/ التمهيد للدرس التدريس المباشر: – العمل في الكتاب المدرسي – المناقشة والحوار – طرح الأسئلة – التعزيز – استخدام اللوحات – مراجعة المعلومات – السبورة والطباشير – حل المشكلات والاستقصاء – التعليم المبني على النشاط – العمل في مجموعات	التقويم بالقلم والورقة تشجيع الطلاب على التعلم التعاوني بتقسيمهم إلى مجموعات وملاحظة أداء كل مجموعة - متابعة الطلاب من خلال المشاركة وإجابة الأسئلة المطروحة داخل الصف - التغذية الراجعة - أسئلة الكتاب

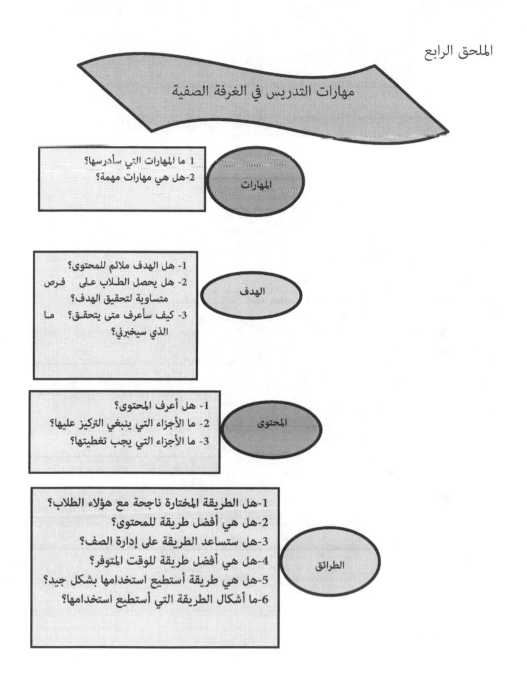

الملحق الرابع

مهارات التدريس في الغرفة الصفية

المهارات

1 ما المهارات التي سأدرسها؟
2-هل هي مهارات مهمة؟

الهدف

1- هل الهدف ملائم للمحتوى؟
2- هل يحصل الطلاب على فرص متساوية لتحقيق الهدف؟
3- كيف سأعرف متى يتحقق؟ ما الذي سيخبرني؟

المحتوى

1- هل أعرف المحتوى؟
2- ما الأجزاء التي ينبغي التركيز عليها؟
3- ما الأجزاء التي يجب تغطيتها؟

الطرائق

1-هل الطريقة المختارة ناجحة مع هؤلاء الطلاب؟
2-هل هي أفضل طريقة للمحتوى؟
3-هل ستساعد الطريقة على إدارة الصف؟
4-هل هي أفضل طريقة للوقت المتوفر؟
5-هل هي طريقة أستطيع استخدامها بشكل جيد؟
6-ما أشكال الطريقة التي أستطيع استخدامها؟

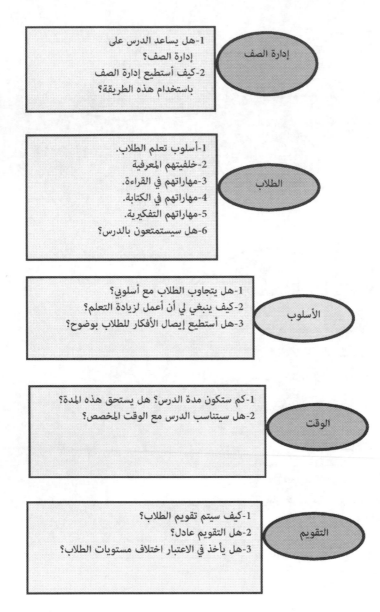

إدارة الصف

1-هل يساعد الدرس على إدارة الصف؟
2-كيف أستطيع إدارة الصف باستخدام هذه الطريقة؟

الطلاب

1-أسلوب تعلم الطلاب.
2-خلفيتهم المعرفية
3-مهاراتهم في القراءة.
4-مهاراتهم في الكتابة.
5-مهاراتهم التفكيرية.
6-هل سيستمتعون بالدرس؟

الأسلوب

1-هل يتجاوب الطلاب مع أسلوبي؟
2-كيف ينبغي لي أن أعمل لزيادة التعلم؟
3-هل أستطيع إيصال الأفكار للطلاب بوضوح؟

الوقت

1-كم ستكون مدة الدرس؟ هل يستحق هذه المدة؟
2-هل سيتناسب الدرس مع الوقت المخصص؟

التقويم

1-كيف سيتم تقويم الطلاب؟
2-هل التقويم عادل؟
3-هل يأخذ في الاعتبار اختلاف مستويات الطلاب؟

158

الملحق الخامس

نموذج إعداد خطة سنوية

المادة : ....   الصف : ....   السنة الدراسية : ....

المديرية : ....   المدرسة : ....   اسم المعلم : ....

المحور الرئيسي	الزمن	نتاجات التعلم	استراتيجيات التدريس المقترحة	استراتيجيات التقويم المقترحة
المحتوى العام للوحدات الدراسية	يراعى عدد الحصص لكل مادة	يتوقع من الطالب أن يكون قادرا على تحقيق الأهداف المرجوة في الفصل الدراسي	إدارة الصف/ التمهيد للدرس التدريس المباشر: – العمل في الكتاب المدرسي – المناقشة والحوار – طرح الأسئلة – التعزيز – استخدام اللوحات – مراجعة المعلومات – السبورة والطباشير – حل المشكلات والاستقصاء – التعليم المبني على النشاط – العمل في مجموعات – تطبيق استراتيجية الطاولة المستديرة (round robin)	- التقويم بالقلم والورقة - تشجيع الطلاب على التعلم التعاوني بتقسيمهم إلى مجموعات وملاحظة أداء كل مجموعة - متابعة الطالب من خلال المشاركة وإجابة الأسئلة المطروحة داخل الصف - التغذية الراجعة - أسئلة الكتاب - الأنشطة والتقارير من خلال البحث عبر المواقع الإلكترونية - استراتيجيات التقويم الحديثة - الاقتصاد المعرفي - التقويم الواقعي - الامتحانات

مصطلحات تربوية

أساليب التدريس: إجراءات خاصة يقوم بها المعلم ضمن الإجراءات العامة التي تجري في موقف تعليمي معين، فقد تكون طريقة المناقشة واحدة، ولكن يستخدمها المعلمون بأساليب متنوعة كالأسئلة والأجوبة، أو إعداد تقارير لمناقشتها.

الإستراتيجية التعليمية (Teaching Strategy): هو، كل ما يتعلق بأسلوب توصيل المادة للطلاب من قبل المعلم لتحقيق هدف ما، وذلك يشمل كل الوسائل التي يتخذها المعلم لضبط الصف وإدارته؛ هذا وبالإضافة إلى الجو العام الذي يعيشه الطلبة ، والتي تمثل الواقع الحقيقي لما يحدث داخل الصف من استغلال لإمكانات متاحة، لتحقيق مخرجات تعليمية مرغوب فيها.

طريقة التدريس : الطريقة التي يستخدمها المعلم في توصيل محتوى المنهج للطالب أثناء قيامه بالعملية التعليمية.

إستراتيجية التدريس: هي مجموعة تحركات المعلم داخل الصف التي تحدث بشكل منتظم ومتسلسل تهدف إلى تحقيق الأهداف التدريسية المعدة مسبقا.

طريقة التدريس: تعرف بأنها الإجراءات العامة التي يقوم بها المعلم في موقف تعليمي معين.

مؤشرات الأداء: جمل أو عبارات تصف بدقة ما يجب أن يكون المتعلم قادرا على أدائه بعد مروره بخبرة تعليمية تعلمية.

المحتـــــــــوى: هو خلاصة من الحقائق والمفاهيم والمبادئ والنظريات في مجال معرفي، مثل: (الفيزياء، والكيمياء، والرياضيات)، أو في مجال معرفي غير منظم، مثل (التربية البيئية، والتربية الأسرية)، وطرق معالجة هذه

المعلومات، وهذا المحتوى يجب أن يعين المتعلم في فهم المعرفة واكتشافها بنفسه.

المعيار (Standard): هو جملة يستند إليها في الحكم على الجودة في ضوء ما تتضمنه هذه الجملة من وصف لما هو متوقع تحققه لدى المتعلم من مهارات، أو معارف، أو مهمات، أو مواقف، أو قيم واتجاهات، أو أنماط تفكير، أو قدرة على حل المشكلات واتخاذ القرارات.

المنهج (Curriculum): مجموعة الخبرات التربوية التي توفرها المدرسة للمتعلمين داخل المدرسة وخارجها من خلال برامج دراسية منظمة بقصد مساعدتهم على النمو الشامل والمتوازن، وإحداث تغيرات مرغوبة في سلوكهم وفقا للأهداف التربوية المنشودة.

مهـــارات التعلم: مجموعة المهارات التي تتطلبها عملية التعلم، ويكتسبها المتعلم وتنمو بنموه بصورة تدريجية ومنظمة، وتشمل مهارات التفكير وحل المشكلات والاتصال، والمهارات الرياضية والعملية.

النتائج التعليمية: هي عبارات تصف أداءات المتعلم المتوقعة بعد دراسته موضوعات معينة.

الهدف العام (Goad): هو عبارة تصف الناتج التعليمي المتوقع تحقيقه لدى المتعلم.

المفهوم: هو تصور عقلي مجرد في شكل رمز أو كلمة أو جملة، يستخدم للدلالة على شيء أو موضوع أو ظاهرة معينة.

التقويم التشخيصي: هو ذلك التقويم الذي يهدف إلى تحديد أسباب المشكلات الدراسية التي يعاني منها المتعلمون والتي تعيق تقدمهم الدراسي.

التقويم البنائي أو التكويني: هو عملية منظمة تتم أثناء التدريس وخلال الفصل الدراسي، وتهدف إلى تصحيح مسار العملية التربوية وبيان مدى تقدم التلميذ نحو الهدف المنشود.

التقويم الختامي: هو ذلك التقويم الذي يهتم بكشف الحصيلة النهائية من المعارف والمهارات والقيم والعادات التي يفترض أن تحصل نتيجة لعملية التعليم.

تقـــــويم الأداء: هو ما يقوم به المتعلم في مجال ما ويتطلب فعلا أو عملا، أو يتطلب إنجازا يختلف في كثير من جوانبه عن استذكار مجموعة من المعارف.

ملف الطـــــالب: هو ذلك الملف الذي يتم فيه حفظ نماذج من أداء المتعلم بهدف إبراز أعماله ومنجزاته التي تشير إلى مدى نموه الطبيعي والاجتماعي والنفسي والأكاديمي والمهاري والإبداعي والثقافي.

الحقيبة التعليمية: وعاء معرفي يحتوي على عدة مصادر للتعليم، صممت على شكل برنامج متكامل متعدد الوسائط، يستخدم في تعلم أو تعليم وحدة معرفية منوعة، تتناسب مع قدرات المتعلم، وتناسب بيئته، يؤدي تعليمها إلى زيادة معارف وخبرات ومهارات المتعلم، وتؤهله لمقابلة مواقف حياتية ترتبط بما اكتسبه نتيجة تعلمه محتوى هذه الحقيبة. وتعرف بانها أسلوب من أساليب التعلم الذاتي أو تفريد التعليم الذي ازداد الاهتمام به في الآونة الأخيرة مع التغيرات والتطورات العلمية الحديثة.

المهـــــــارة: 1-تعرف في علم النفس بأنها: السرعة والدقة في أداء عمل من الأعمال مع الاقتصاد في الوقت المبذول، وقد يكون هذا العمل بسيطا أو مركبا.

2-وتعرف في كتابات المناهج بأنها: قدرة المتعلم على استخدام المبادئ والقواعد والإجراءات والنظريات ابتداء من استخدامها في التطبيق المباشر، وحتى استخدامها في عمليات التقويم.

القيـــــــــاس: هو العملية التي تقوم على إعطاء الأرقام أو توظيفها وفقا لنظام معين من أجل التقييم الكمي لسمة أو متغير معين، وهي التعبير الكمي بالأرقام عن خصائص الأشياء والسمات وغيرها.

النشاط العلاجي: هو عمل ينفذه الطلبة الذين يواجهون صعوبات في التعلم، ومن شأن هذا العمل الإسهام في معالجة وتذليل هذه الصعوبات، ويأخذ شكل إعادة تدريس بصورة أكثر ملاءمة لهذه الفئة، من الطلبة، مع ضرورة أن تنفذ مثل هذه الأنشطة بإشراف المعلم وتوجيهه.

النشاط التعزيزي: عمل ينفذه الطلبة الذين أنجزوا المادة الدراسية بصورة عادية، ومن شأن هذه الأنشطة، أن تدعم تعلمهم، وتوصلهم إلى تعميق المادة وإتقانها.

النشاط الإثرائي: عمل ينفذه الطلبة الذين أتقنوا مادة الكتاب، وتسمح قدراتهم وإمكاناتهم بإيصالهم إلى مستويات أداء فائقة تصل إلى الابتكار والإبداع أحيانا.

النشاط الاستهلالي: هو عمل ينفذه الطلبة للوصول إلى حالة ذهنية تمكنهم من تلقي التعلم الجديد، وقد يكون النشاط متعلقا بتعلم سابق يمهد للتعلم الجديد، أو نشاطا استكشافيا يقود إلى التعلم الجديد.

النشاط الأساسي: هو عمل ينفذه جميع الطلبة، بهدف بناء المعرفة العلمية الأساسية في المادة الدراسية.

التقـــــــــويم: هو الإجراءات التي تهدف إلى تحديد مدى تقدم تعلم الطلبة، ومدى تحقق مستوى الجودة في أدائهم، وفق معايير محددة، وفيه يمكن تحديد مستويات الطلبة، وتحليل أخطائهم، وفي ضوئه يمكن توجيههم إلى الأنشطة التي تلاءم مستوياتهم، لذا فهي عملية تشخيصية، وعلاجية، ووقائية.

التعــــلم القبلي: هـو المعرفـة العلميـة التـي اكتسبها المـتعلم نتيجـة مـروره بخـبرات تعليمية سابقة، وتعد أساسا لتعلمه الجديد.

التعــلم الذاتي: هو نمط من أنماط التعلم يقوم فيه المتعلم باختيار الأنشـطة التعليميـة وتنفيذها بهدف اكتساب معرفة علميـة أو تنميـة مهـارة ذات صـلة بالمادة الدراسية أو باهتماماته الخاصة، وقد يتم هذا التعلم بصورة فردية أو في مجموعات، تحت إشراف المعلم، أو بصورة غـير نظاميـة عن طريق التعليم المبرمج، أو برامج التعلم عن بعد.

التعــلم التعاوني: وهو تعلم يتم بإشراك مجموعة صغيرة من الطلبة معا في تنفيذ عمل، أو نشاط تعليمي، أو حل مشـكلة مطروحـة، ويسـهم كـل مـنهم في النشاط، ويتبادلون الأفكار والأدوار، ويعين كل مـنهم الآخـر في تعلـم المطلوب حسب إمكاناته وقدراته.

التعلم بالاكتشاف: هو التعلم الذي يسلك فيه المتعلم سلوك العالم، حيث يستخدم معلوماتـه وقدراتـه وقابلياتـه في عمليـات تفكيريـة عمليـة وعقليـة للوصول إلى نتائج جديدة.

التقييم (Assessment): هو عملية جمع البيانات أو المعلومات عن المتعلم فيما يتصل بما يعرف أو يستطيع أن يعمل، ويتم ذلك بالعديد مـن الأدوات مـن مثل ملاحظة الطلبة أثنـاء تعلمهـم، أو تفحـص إنتاجهم، أو اختبـار معارفهم ومهاراتهم.

الاســـــتدلال: هو عملية تهدف إلى وصول المتعلم إلى نتائج معينة، عـلى أسـاس من الأدلة والحقائق المناسبة الكافية، حيث يربط المـتعلم ملاحظاتـه ومعلوماته المتوفرة عن ظاهرة ما بمعلوماته السابقة عنها، ثم يقـوم بإصدار حكم يفسر هذه المعلومات أو يعممها.

الاختبـــــــــار: هو إجراء لاستنباط استجابات يبنى عليها تقويم تحصيل الطالب أو أدائه في محتوى دراسي معين، مثلا: المعرفة الخاصة بموضوع معين.

الاستقـــــــصاء: عملية نشطة يقوم بها المتعلم باستخدام مهارات عملية أو عقلية للتوصل إلى تعميم أو مفهوم أو حل مشكلة.

التعـــــــلم: هو نشاط يقوم فيه المتعلم بإشراف المعلم أو بدونه، يهدف اكتساب معرفة أو مهارة أو تغيير سلوك.

الاســـــــتقراء: هو عملية تفكيرية يتم الانتقال بها من الخاص إلى العام أو من الجزئيات إلى الكل، حيث يتم التوصل إلى قاعدة عامة من ملاحظة حقائق مفردة.

المشــــــــروع: هو عمل متصل بالحياة يقوم على هدف محدد، وقد يكون نشاطا فرديا أو جماعيا وفقا لخطوات متتالية ومحددة.

تقنيــــات تربوية: هي الطرائق والوسائل والأجهزة والمواد المسموعة والمرئية والمقروءة التي تسهم في تحقيق الأهداف التربوية المنشودة.

الوسائل التعليمية التعلمية: هي مجموعة الأدوات والمواد والأجهزة التي يستخدمها المعلم أو المتعلم لنقل محتوى معرفي أو الوصول إليه داخل غرفة الصف أو خارجها بهدف نقل المعاني وتوضيح الأفكار وتحسين عمليتي التعليم والتعلم.

طريقة العروض العملية: هي الطريقة التي يقوم المعلم فيها بعملية عرض أمام الطلبة، أو يقوم طالب أو مجموعة من الطلبة بالعرض وهي أسلوب تعليمي تعلمي لتقديم حقيقة علمية، أو مفهوم علمي، أو تعميم علمي.

الاستنتـــــــاج: هو عملية تفكيرية تمكن المتعلم من الوصول إلى الحقائق بالاعتماد على مبادئ وقوانين وقواعد صحيحة، فينتقل فيها المتعلم من العام

إلى الخاص، أو من الكليات إلى الجزئيات، أو من المقدمات إلى النتائج.

الامتحان النهائي Final Examination: هو الاختبار الذي يعده المعلم أو مجموعة من المعلمين بعد الانتهاء من دراسة محتوى المنهج، وغالبا ما يكون على هيئة أسئلة مقالية أو موضوعية أو مهمات شاملة لجميع مستويات الأهداف.

الاختبار التحصيلي: هو أداة مقننة تتألف من فقرات أو أسئلة يقصد بها قياس التعلم السابق للفرد في مجال أو موضوع معين.

الإبـــــــداع: هو مزيج من القدرات والاستعدادات والخصائص الشخصية التي إذا وجدت في بيئة تربوية مناسبة فإنها تجعل المتعلم أكثر حساسية للمشكلات، وأكثر مرونة في التفكير، وتجعل نتاجات تفكيره أكثر غزارة وأصالة بالمقارنة مع خبراته الشخصية أو خبرات أقرانه.

الكتاب المدرسي: 1-مجموعة من المعلومات المختارة والمبوبة والمبسطة التي يمكن تدريسها، والتي من حيث عرضها تمكن الطالب من استخدام الكتاب المدرسي بصورة مستقلة.

2-عبارة عن كتاب عرضت فيه المادة العلمية بطريقة منظمة ومختارة في موضوع معين، وقد وضعت في نصوص مكتوبة بحيث تناسب موقفا بعينه في عمليات التعليم والتعلم.

3-وثيقة رسمية موجهة مكتوبة ومنظمة كمدخل للمادة الدراسية، ومصممة للاستخدام في الصف الدراسي، وتتضمن مصطلحات ونصوصا مناسبة وأشكالا وتمارين، ومعينات للطالب على عملية التعلم، ومعينات للمعلم على عملية التدريس.

وسائل تعلم ذاتي: وسائل يعتمد عليها الطالب في تعليم نفسه، وهي مواد تعليمية قد تكون على شكل كتاب أو فيلم تعليمي، أو تسجيل صوتي وقد تكون كلها في حقيبة واحدة.

التقويم القبلي: التقويم الذي يساهم في اتخاذ القرارات بطريقة علمية في أي من المجالات المختلفة بطريقة علمية ويحدد المسوى الذي يكون عليه المتعلم قبل قيامه بالدراسة.

التقويم التكويني: وهو الذي يتم في أثناء تكون المعلومة للطالب بهدف التحقق من فهمه للمعلومة التي مر بها.

التقويم المستمر: التقويم الذي يتم مواكبا لعملية التدريس، ومستمرا باستمرارها، والهدف منه تعديل المسار من خلال التغذية الراجعة بناء على ما يتم اكتشافه من نواحي قصور أو ضعف لدى التلاميذ. ويتم تجميع نتائج التقويم في مختلف المراحل، إضافة إلى ما يتم في نهاية العمل من أجل تحديد المستوى النهائي.

الانفجار المعرفي : اخذ يحصل بطريقة متسارعة لا يمكن السيطرة عليها مما ادى الى استحالة الاحاطة بالكم الهائل من المعلومات.

الاهداف التربوية : التغيرات المرغوبة التي يتوقع ان تظهر في المتعلم نتيجة مروره بالخبرات التربوية التي يتضمنها المنهاج.

المحتوى : مجموعة المعلومات والمهارات والقيم والاتجاهات التي يتضمنها المنهج التربوي.

الحقائق : كل ما هو صحيح حول الاشياء والاحداث والظواهر الموجودة في هذا الكون.

المفاهيم : ابداعات عقلية يقوم العقل بتكوينها لرسم صورة ذهنية عامة عن الاشياء والاحداث والظواهر.

التفاعل الاجتماعي : عملية التاثير المتبادل بين افراد المجتمع او الجماعات او مؤسساتة بين الافراد والجماعات بشكل مباشر او غير مباشر.

الثقـــــــافة : مجموعة الافكار والمثل والمعتقدات والمهارات والتقاليد الموجودة في المجتمع.

التعـــــلم : عمليات سيكولوجية عقلية داخلية تتم داخل المتعلم.

التعليـــــم : هو التعليم الذي يؤدي الى حدوث تعلم جيد لدى الطالب.

التخطيط للتدريس : تصور مسبق لمواقف تعليمية يهيئها المعلم لتحقيق اهداف تعليمية.

الهدف التعليمي : هو تغير مرغوب في سلوك المتعلم.

المعـــــارف : هي الاهداف المتصلة بقدرة الطالب على تذكر المعلومات واستدعائها.

الخطة السنوية الفصلية : هو تصور مسبق شامل لتدريس مادة مقررة اما في عام دراسي او على مدار العام.

التغذية الراجعة : هي الملاحظات التقويمية التي يزود بها المتعلم بخصوص تقدمة نحو تحقيق الاهداف التعليمية.

ادارة الصـــــف : هي تهيئة بيئية صفية مانعة ظهور مشكلات سلوكية وداعمة لتعلم الطلبة.

الكتـاب المدرسي : اداة فعالة في تنفيذ المنهاج.

تكنولوجيا التعليم : هو مفهوم شامل يتضمن تكنولوجيا المعلومات وتكنولوجيا التعليم.

الواجبات والانشطة الاصفية : هي مهمات يكلف بها الطالب ومرتبطة بالمادة الدراسية ويتطلب انجازها خارج ساعات الدوام المدرسي.

الحقائب التعليمية : نظام تعليمي متكامل مصمم بطريقة منهجية منظمة تساعد المتعلم على التعلم الفعال.

الوسيلة التعليمية : هي كل ما يستخدمة المعلم والمتعلم من اجهزة وادوات تعليمية داخل الفصل او المدرسة.

المفهـــــــــوم : هو تجريد ذهني لخصائص مشتركة لمجموعة من الظواهر او الاشياء المدركة بالحولس.

الاتجــــــــــاه : هو حالة استعداد نفسي ـ لدى الفرد تتصل بشيء معين توجة سلوكة على نحو معين.

التعـــــــــزيز : هو القوة الدافعية المسيطرة التي تعمل على الحفاظ على التعلم.

القيـــــــــاس : هي العملية التي يتم من خلالها تقديم قيم الخصائص والصفات لدى الاشخاص او الاشياء.

التقويـــــــم : عملية منظمة يتم خلالها تحديد مدى ما تحقق من اهداف واتخاذ القرارات.

المراجع

أولا : المراجع العربية

1- السلطان، عبد العزيز بن عبد الله و الفنتوخ، عبد القادر بن عبد الله (1999). الإنترنت في التعليم: مشروع المدرسة الإلكترونية، رسالة الخليج العربي، 21 ، ص. ص: 79 – 116.

2- السيد المراغي،استراتيجيات التدريس، المدينة المنورة، دار الزمان 1414هـ

3- المناهج وطريق التدريس للمرحلة الابتدائية – الجامعة العربية المفتوحة.

4- فريد أبو زينه ، الرياضيات مناهجها وأصول تدريسها، الطبعة الرابعة، عمان، مكتبة دار الفرقان ، 1417هـ .

5- فليب بيرنو "بناء الكفايات انطلاقا من المدرسة" ترجمة لحسن بوتكلاي ط1-2004.

6- عبد الرحمن، صقر (1999). مشروع لغة الشبكات العالمية. المجلة العربية للعلوم. العدد 34 السنة 17، ص. ص 68 – 69.

7- عدس وقطامي- أد. عبد الرحمن وأد. يوسف – علم النفس التربوي الطبعة الأولى 2003م دار الفكر للطباعة والنشر- عمان.

8- علم النفس التعلم والتعليم ، الجامعة العربية المفتوحة (2004)

9- كوثر كوجك، اتجاهات حديثة في المناهج وطرق التدريس، الطبعة الثانية، القاهرة، عالم الكتب، 1997 م .

10- محمد أمزيان الذكاءات المتعددة وتطوير الكفايات ط1-2004

11- محمد الخضري – نور اليقين في سيرة سيد المرسلين – دار الكتب العلمية – بيروت.

12- مصطفى نمر دعمس، الاستراتيجيات الحديثة في تدريس العلوم، الاردن – عمان، دار غيداء 2007.

13- ممدوح محمد سليمان، أثر ادراك الطالب المعلم للحدود الفاصلة بين طرائق التدريس وأساليب التدريس واستراتيجيات التدريس في تنمية بيئة تعليمية فعالة داخل الصف، جامعة البحرين، كلية العلوم والآداب والتربية.

14- نبيل علي "الثقافة العربية وعصر المعلومات" سلسلة عالم العرفة.

15- يس قنديل، التدريس وإعداد المعلم، الطبعة الثانية، الرياض، دار النشر الدولي، 1418هـ.

ثانيا : المراجع الاجنبية

References:

1- Bonwll, c. (1995). Active learning excitement in the classroom. St. Louis college: center for taching and learning.

2- Andres, Y. M. (1991). Education and Electronic Frontier: If Telecom is so Good, Why Aren't More Educators Using It? Available at http://gsh.lightspan.com/teach/articles/frontier.html.

3- Bare J. and Meek, A. (1998) Internet Access in Public Schools. Issue brief. ERIC document no. 417698.

4- Castellani, J. (1999). Teaching and Learning with the Internet: Issues for Training Special Education Teachers. Paper presented at the Society for Information Technology And Teacher Education Conference, San Antonio, TX, Feb 28-4 March.

5- Charp, S. (2000) Internet Usage in Education. Technological Horizon in Education (THE). 27 (10) pp.: 12-14.

6- Gardner, H. (2000). Technology Remarks the Schools. The Futurist, 34, pp.: 30-32. Washington Mar/Apr.

ثالثا : المواقع الالكترونية

1- http://www.almualem.net/mogawi.html.

2- http://www.almualem.net/maga/tal0120.html.

3- http://www.oman0.net/forum/showthread.php?t=133943.

4- http://fahdalayat.blogspot.com/2006/10/blog-post.html.

5- http://www.oman0.net/forum/showthread.php?t=129818.

6- http://www.aoua.com/vb/archive/index.php/t-13118.html.

7- http://ar.wikibooks.org .

8- http://www.najah.edu/arabic/articles/26.htm.

9- http://muntada.islamtoday.net/showthread.php?p=224485.

10- http://www.arabseyes.com/vb/showthread.php?t=20817.

11- http://www.ynbo3.net/phpbb/viewtopic.php?t=5.

Printed in the United States
By Bookmasters